가장 쉬운 이 종 대 왕
아이놀이 첫걸음

가장 쉬운 이종대왕 아이놀이 첫걸음

초판 인쇄 | 2022년 7월 15일
초판 발행 | 2022년 7월 27일

지은이 | 이종혁, 신현진
발행인 | 김태웅
기획 | 김귀찬
편집 | 유난영
표지 디자인 | 남은혜
본문 디자인 | HADA DESIGN 장선숙
표지 일러스트 | 김동호
마케팅 | 나재승
제작 | 현대순

발행처 | ㈜동양북스
등 록 | 제 2014-000055호
주 소 | 서울시 마포구 동교로22길 14 (04030)
구입 문의 | 전화 (02)337-1737 팩스 (02)334-6624
내용 문의 | 전화 (02)337-1763 이메일 dybooks2@gmail.com

ISBN 979-11-5768-817-3 13590

▶ 본 책은 저작권법에 의해 보호를 받는 저작물이므로 무단 전재와 복제를 금합니다.
▶ 잘못된 책은 구입처에서 교환해드립니다.
▶ ㈜동양북스에서는 소중한 원고, 새로운 기획을 기다리고 있습니다.

http://www.dongyangbooks.com

가장 쉬운

이종대왕
아이 놀이 첫걸음

이종혁, 신현진 지음

동양북스

추천사

아이들은 놀이를 하며 배우고, 놀이를 통해 세상과 소통합니다. 아이들에게 놀이는 곧 삶이고, 행복한 삶은 놀이와 함께하는 것이기에, 아이들이 놀이로 행복한 삶을 살아갈 수 있기를 바라는 분들께 이 책을 추천합니다.
놀이를 함께 즐기며 동시에 아이가 놀이를 주도해 나갈 수 있도록 실제적이고 구체적으로 사진과 더불어 놀이 방법이 잘 안내되어 있습니다. 이 책으로 사랑하는 아이와 함께 아이의 행복한 유년 시절을 만들어 가시기 바랍니다.

☀ 동두천신천초등학교 최봉애 교장선생님

무척이나 활동적인 남매를 키우면서 많이 보고 느끼고 체험하는 것이 아이들이 밝게 자랄 수 있는 최고의 영양분이라고 생각했었습니다. 그러나 어쩔 수 없는 상황에 외출을 하지 못하고 홈 케어를 해야 할 때는 어떻게 놀아 주며 아이들과 교감을 할지에 대해 고민이 많이 되었어요.
이 책을 접하고 정말 좋았던 것은 부모가 아이들과 놀아 주는 것이 아니라 함께 노는 즐거움을 찾았다는 것입니다.
아이들과 함께 놀이를 하는 목적은 그저 아이들의 즐거움을 위한 것인 줄로만 생각했었고, 그러다 보니 조금만 놀아도 지치고 힘들었어요. 그런데 이 책에 소개된 놀이들은 부모도 함께 재미를 느낄 수 있는 것들이 정말 많았습니다. 아이들의 재미만 추구하던 놀이에서 부모도 더불어 즐거운 놀이 시간을 가지니 아이들과 훨씬 더 행복한 교감을 나눌 수 있었습니다. 특히나 아이들과의 놀이를 어색해하고 어려워하던 아빠도 이 책에 소개된 다양하고 손쉬운 놀이 구성에 새로운 아이디어까지 내며 함께 즐거운 시간을 보낼 수 있었답니다.

🍓 구산초 이준하, 이윤하 엄마 (이종대왕 베타서비스 참가자)

초등학교 2학년 아들과 유치원 딸아이의 아빠입니다.
재작년부터 주말마다 밖에 나가지 못해 심심해하던
아이들에게 쥐어 준 것이 스마트폰이었습니다.
집에서 실컷 놀아 주지 못해 심심함을
달래고자 쥐어 준 것인데 독이 되고 말았네요.
하지만 이 책은 여러 가지 놀이를 통해 체력은 물론 아이들과
아빠와의 교감을 높여 준 것 같아 너무나도 고마운 책입니다. 집에서 할 것이
없을 거라는 막연한 제 생각을 바꿔 주었고, 집에서도 얼마든지 아이들과
함께 흥미로운 놀이를 할 수 있다는 것을 알게 해 주었습니다. "이종대왕님
감사드립니다."

가재울초 김민우 아빠(이종대왕 베타서비스 참가자)

아이 키우는 입장에서 스마트폰, 영상미디어는 필요악입니다.
점점 능숙하게 스마트폰을 조작하는 아이를 보며, 어쩔 수 없다는 핑계로
방치한 건 아닐까 하는 고민을 멈출 수 없었습니다.
그래서 신청한 이 책은 해답을 주었습니다.
오랜 시간 노는 것도 아닙니다. 하루에 30분이면 충분합니다.
많이 컸다고 생각했던, 조용히 앉아서 TV를 보던 아이는 신나게
뛰어놀고 스스로 의견을 제시하고, 이기기 위해 어떻게 해야 할지
몰두하게 되었습니다.
간단한 놀이부터 활발한 놀이까지 다양한 경험을 선사해 준 이 책에,
재밌게 놀아 줘서 고맙다는 아이를 보며 감사의 말을 전합니다.

수송초 유치원 오유나 아빠(이종대왕 베타서비스 참가자)

머리말

아이는 놀이를 통해 성장에 필요한 여러 능력뿐만 아니라 배려심과 사회성도 키웁니다.

2005년, 초등학교 교사로 처음 아이들을 만난 해입니다. 어느덧 교직에서 15년 넘게 근무를 하면서 나름대로의 노련함도 생겼습니다. 하지만 문득문득 아쉬워지는 것은 해가 갈수록 아이들이 학습 위주로 학교를 다니고 기계적으로 문제를 해결하는 것에만 익숙해지는 것을 볼 때입니다. 그보다 더 중요한 고차원적 사고 능력, 문제 해결 능력, 사회성 등이 유독 부족하다고 느낍니다.

물론 2019년 말부터 전 세계를 공포로 몰아넣은 코로나19 바이러스 사태로 인해 아이들이 학교에 못 나오게 된 부분도 영향이 있을 것입니다. 하지만 보다 근본적인 원인은 10년 전만 해도 골목에서 친구들과 놀며 자연스럽게 습득했던 다양한 사회적 기술들을 요즘 아이들은 배울 기회가 없기 때문이 아닐까 생각합니다.

사회학자 에리히 프롬은 "만약 아이들이 병들었다면 그것은 아이들이 마음껏 놀지 못한 것에 대한 복수이다."라고 이야기했습니다. 저는 수년간 교실에서 아이들과 '놀이'를 하며 자유롭고 행복해하는 아이들의 모습에 뿌듯함을 느끼고 있습니다. 혹시 병들어가는 아이들의 모습이 놀이를 대수롭지 않게 생각하는 교사의 태도, 더 나아가 어른들의 무관심 때문은 아닐까요?

또한 요즈음 더 드는 생각은 놀이는 비단 아이들에게만 국한된 것이 아니라, 유아기, 청년기, 중장년기, 노년기에도 놀이가 필수적이라는 것입니다. 놀이는 유치하고 아이들이나 하는 것이라고 생각하는 분들도 계실 겁니다. 하지만 절대 그렇지 않습니다. 놀이를 통해 사고력, 창의력, 지각 능력, 문제 해결 능력뿐만 아니라 배려심, 사회성까지 키울 수 있습니다.

이 책에 수록한 놀이들은 물론 아이들을 대상으로 한 놀이로 구성되어 있지만 주제를 변형하거나 관점을 조금 바꾼다면 남녀노소를 불문하고 누구나 즐길 수 있는 활동입니다. 놀이는 단순하고 지금 바로 할 수 있는 것임을 깨닫고 일단 그냥 한번 해보시라고 말씀드리고 싶습니다. 이 책을 통해 단조로운 일상에 '놀이' 한 스푼의 행복을 선물하고자 합니다.

- 이종대왕

놀이를 하며 유쾌하고 활기찬 시간을 보내는 동안 아이가 성장합니다.

우리는 모두 재미있는 걸 좋아합니다. 낯설고 어색한 분위기의 강연장에서도 간단한 퀴즈, 가벼운 손 놀이 하나로 그 분위기는 금세 부드러워지곤 합니다. 하물며 우리 아이들은 어떨까요?

저는 초등학교 1학년 아이들을 가르치며 놀이의 힘을 몸소 느꼈습니다. 우리 아이들은 10분 이상 한곳에 앉아서 집중하기 힘듭니다. 아이의 집중력이 부족해서가 아닙니다. 아이들은 재미와 전환이 필요합니다. 앉아서 집중하라고 하는 것 대신 10분간 선사한 놀이 시간이 더 큰 학습 효과와 집중 효과를 가져왔습니다. 놀이학습은 "학교가 너무 재미있어요.", "저는 수학이 너무 재미있어요, 선생님!"이라는 반응으로 교사인 저를 더 기쁘게 해주었답니다.

이 책은 우리 아이들이 가정에서도 놀이로 자연스럽게 무엇을 배우길 바라는 마음에서 출발했습니다. 교실 속 저와 저희 반 아이들이 그랬듯, 이 책을 통해 독자 분들 가정에서도 즐거운 배움과 성장이 이루어질 수 있기를 소망합니다.

놀이의 목적은 재미이지만, 놀이를 통해 아이들은 성장 과정에서 꼭 필요한 창의력, 문제 해결력, 언어 능력, 논리적 사고력, 협동심 등을 키워 나갑니다. 내 아이가 스트레스 받지 않으며 공부했으면 좋겠고, 공부는 잘 못하더라도 사회성은 잘 발달했으면 하고 바라는 마음은 모두가 같을 것입니다.

이 책에서는 별다른 준비 없이 15분 내외의 짧은 시간 동안 간단하게 할 수 있는 100가지 놀이를 제안합니다. 준비가 필요 없고 시간이 짧다고 해서 결코 의미 없는 놀이는 아닙니다. 아이와 함께 책을 보며 무슨 놀이를 먼저 하고 싶은지 이야기를 나눠보세요. 순서는 상관없습니다. 자유롭게 100가지 놀이를 하며 아이와 유쾌하고 활기찬 시간을 보내는 동안 우리 아이는 한 뼘 더 성장해 있을 것입니다. 제가 교실에서 보고 느꼈던 놀이의 대단한 힘을 독자 분들과 함께 나누고 싶습니다.

- 신현진

가장 쉬운 아이 중심 신체 놀이 15

01 전신운동으로 **포스트잇 떨어뜨리기 놀이** 016

02 집에서 하는 **보물찾기 놀이** 018

03 협응력과 조절력을 기르는 **땅 따먹기 놀이** 020 ··· 부록 〈놀이판〉 231

04 순발력을 기르는 **손뼉 치고 휴지 잡기 놀이** 022

05 규칙을 지키며 따박따박 **거북이 달리기 놀이** 024

06 관찰력과 순발력을 기르는 **종이 뒤집기 놀이** 026

07 가위바위보로 재미있는 **스트레칭 놀이** 028

08 릴레이로 즐기는 **균형 잡기 놀이** 030

09 노래와 동작을 함께 **쎄쎄쎄 놀이** 032

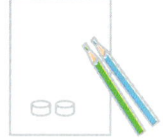

10 아슬아슬 신나는 **고리 탈출 놀이** 034

11 네 번 지면 벌러덩 쓰러지는 **가위바위보 놀이** 036

12 점점 낮아지는 **투명의자 엉덩방아 놀이** 038

13 층간소음 없이 집에서 즐기는 **몸 터치 놀이** 040

14 유연성과 체력을 기르는 **림보 놀이** 042

15 에너지와 재미가 넘치는 **발 림보 놀이** 044

2장 가장 쉬운 아이 중심 한글 놀이 11

16 어휘력이 쑥쑥 자라는
낱말 끊어 말하기 놀이
048   부록 〈낱말 카드〉 233, 234

17 어휘력을 키우는
같은 글자 수 낱말 찾기 놀이
050

18 집중력 기르는
동요 듣고 박수 치기 놀이
052

19 한글도 익히고 성취감도 느끼는
보물찾기 놀이
054   부록 〈자음 카드〉 235

20 몸을 움직이며 신나게
자음 순서 익히기 놀이
056

21 스무고개로
이마에 붙은 낱말 맞히기 놀이
058

22 책과 자연스럽게 친해지는
펼쳐 찾기 놀이
060

23 글자의 원리를 익히는
자음 모음 합체 놀이
062

24 어휘력과 암기력을 기르는
낱말 거꾸로 말하기 놀이
064   부록 〈낱말 카드〉 233, 234

25 순발력과 응용력을 기르는
흉내쟁이 청개구리 놀이
066

26 기억력과 협응력을 기르는
짝 찾기 카드 놀이
068

3장 가장 쉬운 아이 중심 숫자 놀이 15

27 도형과 친해지는
점 이어 땅 만들기 놀이
074

28 수 감각을 익히는
관찰 그래프 그리기 놀이
076 ··· 부록 <놀이판> 237

29 빨대로 재미있게
색종이 분류하기 놀이
078

30 기억력과 시각인지능력이 향상되는
주사위 메모리 놀이
080 ··· 부록 <모양 카드> 239, 241

31 숫자의 순서를 익히는
미로 그리기 놀이
082

32 계산기로 간단하게 즐기는
큰 수 만들기 놀이
084

33 계란판과 바둑돌로
'10 모으기' 놀이
086

34 계란판과 바둑돌로
'10 가르기' 놀이
088

35 창의력과 집중력을 기르는
색종이 칠교 놀이
090 ··· 부록 <칠교 도안> 243, 244

36 공간지각능력을 기르는
종이컵 농구 놀이
092

37 연필 없이 손가락으로
숫자 쓰고 맞히기 놀이
094 ··· 부록 <숫자판> 245

38 병뚜껑으로 간단하게 즐기는
컬링 놀이
096 ··· 부록 <컬링판> 247

39 이쑤시개로 여러 가지
도형 만들기 놀이
098

40 조용히 집중하게 되는
마음 시계 놀이
100

41 놀면서 자연스럽게 수 개념이 생기는
젓가락 놀이
102

가장 쉬운 아이 중심
집중력 놀이 15

4장

42 집중력과 순발력을 기르는
물건 집기 놀이
106

43 휴지가 바닥에 닿기 전에
물건 집기 놀이
108

44 좌뇌, 우뇌를 발달시키는
간단한 동작 놀이
110

45 등을 맞대고 서 있다가
물건 집기 놀이
112

46 집중력과 경청 능력을 기르는
가라사대 놀이
114

47 놀이도 하고 안전교육도 하는
신호등 놀이
116

48 집중력과 기억력을 기르는
따라쟁이 놀이
118

49 쉬워 보이지만 어른도 잘 속는
섬바다 놀이
120

50 기억력과 집중력을 키우는
알아맞히기 놀이
122

51 과일 이름일 때만 치는
냠냠 박수 놀이
124

52 마음을 확인하는
텔레파시 놀이
126

53 이길 때마다 얼굴에 붙이는
스티커 놀이
128

54 쉴 새 없이 두뇌를 쓰는
청기백기 놀이
130

55 장소와 물건으로
번갈아 이어말하기 놀이
132

56 호흡을 맞추며 협응력을 기르는
다른 박수 놀이
134

11

5장 가장 쉬운 아이 중심 창의성 놀이 16

57 표현력을 길러 주는
미션 하고 술래 잡기 놀이
138

58 상상력을 키우는
설명 듣고 그림 그리기 놀이
140

59 각각의 손가락에 의미를 담아
그림 그리기 놀이
142

60 다양한 무늬를 만드는
휴지심 촉감 놀이
144

61 집중력과 감각능력을 기르는
공 굴리기 놀이
146

62 다양한 재료로
사자 갈기 꾸미기 놀이
148 ··· 부록 <나뭇잎> 249, 251

63 여러 가지 나뭇잎으로
왕관 꾸미기 놀이
150 ··· 부록 <나뭇잎> 249, 251

64 관찰력과 협동심을 기르는
얼굴 그려 주기 놀이
152

65 창의력과 감각을 키우는
손가락 미술 놀이
154 ··· 부록 <나무 기둥> 253

66 직접 그린 그림과 자연 풍경을 합하여
특별 사진 찍기 놀이
156 ··· 부록 <액자 도안> 255, 257, 259

67 점묘법 표현을 익히는
면봉 미술 놀이
158 ··· 부록 <스케치 도안> 261

68 감각능력을 키우는
모자이크 무늬 꾸미기 놀이
160

69 상상력을 발휘하는
연상 그림 그리기 놀이
162

70 내가 좋아하는 음식들로
뷔페 꾸미기 놀이
164

71 신체지각능력을 키우는 간질간질
웃긴 그리기 놀이
166

72 우리 가족을 소개하는
책 만들기 놀이
168

6장 가장 쉬운 아이 중심 오감 놀이 13

73 감각능력과 상상력을 키우는
색종이 퀴즈 놀이
172

74 촉감과 추리력으로
물건 알아맞히기 놀이
174

75 좌뇌와 우뇌를 발달시키는
양손 그림 따로 그리기 놀이
176 … 부록 <양손 따로 그림> 263, 264

76 박수 소리로
보물 찾기 놀이
178

77 관찰력과 표현력을 기르는
따라 하기 놀이
180

78 서로의 눈만 바라보며
얼굴 그려 주기 놀이
182

79 협응력과 집중력을 기르는
함께 운전 놀이
184

80 협응력과 집중력을 기르는
나무젓가락 배달 놀이
186

81 손의 감각만으로
크기 순서 맞히기 놀이
188

82 집중력과 인내심을 기르는
초콜릿 떼어 내기 놀이
190

83 계란판으로 즐기는
탁구 놀이
192

84 운동능력과 집중력을 기르는
탁구공 팅겨 옮기기 놀이
194

85 집중력과 표현력을 기르는
동요 받아그리기 놀이
196

가장 쉬운 아이 중심
도구 놀이 15

86 집에서 즐기는
종이컵 볼링 놀이
200

87 종이컵과 풍선으로
신나는 대포 놀이
202

88 관찰력을 기르는
흉내 내어 모양 만들기 놀이
204

89 순발력과 협응력을 기르는
종이컵 성 쌓기 놀이
206

90 굴리지 않고 날리는
종이비행기 볼링 놀이
208

91 협응력과 집중력을 기르는
종이컵 공 받기 놀이
210

92 운동능력과 순발력을 키우는
신문지 눈싸움 놀이
212

93 운동능력과 공간지각력을 키우는
집콕농구 놀이
214

94 재빨리 몸을 숨기는
핸드폰 사진 귀신 놀이
216

95 균형 감각을 키우는
신문지 올라서기 놀이
218

96 운동능력을 기르는
신문지 줄다리기 놀이
220

97 운동능력과 공간지각력을 기르는
집콕배구 놀이
222

98 날아가며 바람 빠지는
풍선 멀리 던지기 놀이
224

99 집중력과 신체능력을 기르는
온몸으로 풍선 치기 놀이
226

100 협응력과 운동능력을 키우는
함께 풍선 치기 놀이
228

· 1장 · 가장 쉬운 아이 중심

신체 놀이 15

유아기는 소근육과 대근육이 발달하는 시기이며, 아동기는 기본적인 운동 기능 발달 후 운동의 속도와 강도가 증가하는 시기입니다. 이 시기에 하는 신체 놀이는 **아이들의 운동 능력 향상에 영향**을 주고 나아가 **지적, 정의적 발달에 효과**를 줄 뿐만 아니라 **자신 및 타인에 대한 태도** 형성에 긍정적 효과를 주게 됩니다.

신체 놀이를 하는 동안 아이들은 다양한 움직임을 통해 감각 기능, 신체 조절 기능, 신체 균형 유지 기능이 발달하게 되며 신체 기관 간의 협응력, 유연성, 순발력, 지구력도 길러집니다.

신체 놀이는 **사회성과 인지 발달에도 도움**을 줍니다. 아이들이 집단을 이루어 놀이를 하게 됨으로써 사회적 공동체 의식과 협동심이 길러지고 타인을 존중하는 사고력이 발달하며, 다양한 놀이 환경을 통해 공간 지각 능력과 지각된 상황에 대한 대처 능력을 키우게 됩니다. 이뿐만 아니라 상황 예측 및 상황에 대한 문제 해결 능력도 발달합니다.

이번 장에서는 아이들과 할 수 있는 **신체 놀이 15가지**를 소개합니다.

포스트잇! 저리 가! 01

후~ 후~

흔들~ 흔들~

준비물
얼굴과 몸에 붙일 수 있는 포스트잇 여러 장

놀이에 적당한 시간
5분

성취 도표

전신운동으로 포스트잇 떨어뜨리기 놀이

아이와 함께 놀이 준비!

1 포스트잇을 준비해요.

2 포스트잇을 서로의 얼굴과 몸에 여기저기 붙여 주세요.

아이와 함께 놀이 시작!

1 시작 구호와 함께 입으로 후후 바람을 불거나 얼굴과 몸을 흔들어 포스트잇을 최대한 많이 떼어 내요.

2 손을 사용하지 않고 입으로 바람을 불거나 몸을 흔들기만 할 수 있어요.

3 먼저 모든 포스트잇을 떼어 내거나 정해진 시간 안에 더 많은 포스트잇을 떼어 낸 사람이 승리해요.

이종대왕이 알려주는 꿀팁!

★ 처음에는 포스트잇을 한 장만 얼굴에 붙이고 놀이를 한 뒤 익숙해지면 포스트잇 개수를 늘려 나가요.

★ 포스트잇에 글자나 숫자를 적고 놀이한 뒤 놀이가 끝난 후 몸에 아직 붙어 있는 포스트잇의 글자나 숫자를 읽어 보는 것도 좋아요.

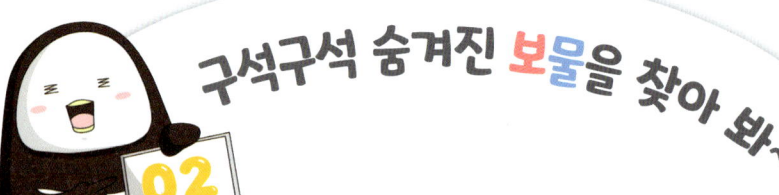

구석구석 숨겨진 보물을 찾아 봐~
02

집에서 하는
보물찾기 놀이

준비물
종이쪽지

놀이에 적당한 시간
놀이 준비 **10분**
놀이 활동 **10분**

성취 도표
흥미도 / 협동력 / 창의력 / 만족도 / 난이도

찾았다!!
이 보물은
오늘 쏠래요~

스파게티 먹기

18

아이와 함께 놀이 준비!

1. 엄마나 아빠는 작은 쪽지에 보물이 될 만한 내용을 써 놓아요.
2. 숨겨 놓을 만한 장소를 생각해 봐요.
3. 커튼 뒤, 피아노 아래, 식탁 아래, 책 속 등 여러 곳에 쪽지를 숨겨 놓아요.

- 스파게티 먹기
- 가족과 보드게임 하기
- 박물관 가기
- 오늘은 내 방 정리하지 않기
- 12시까지 늦잠 자기
- 영화 보기
- 숙제 면제권

아이와 함께 놀이 시작!

"오늘 저녁 8시까지 찾아봐!"

"이번 주말까지 찾는 것만 보물인 거야!"

1. 시간을 정하여 그 시간 안에 숨겨 놓은 쪽지를 찾도록 합니다. 쪽지의 개수에 따라 시간을 정해요.
2. 보물쪽지를 찾는 대로 따로 잘 보관하게 해요.
3. 적절한 때에 보물쪽지를 사용할 수 있도록 규칙을 정해요.

이종대왕이 알려주는 꿀팁!

★ 육아서를 읽다 보면 부모의 일관성 있는 태도가 아이의 자존감이나 성격 안정에 영향을 준다는 것을 알 수 있습니다. 아이는 부모가 자신과의 약속을 지키는 것을 보며, 자존감을 키우고 부모에 대한 존중과 권위를 배우게 됩니다. 따라서 보물쪽지에 적힌 내용은 아이가 언제 말하든 꼭 지켜 주는 것이 중요합니다.

★ 보물쪽지에 쓰는 보물의 내용은 허황된 약속(예시: 장난감 사 주기, 여행 가기 등)보다는 일상생활 속에서 아이들에게 조금의 여유를 줄 수 있는 것들을 생각해 보면 좋습니다.

03 튕겨튕겨~ 땅을 따먹자~

협응력과 조절력을 기르는 땅 따먹기 놀이

준비~~! 발사!

준비물
종이, 색연필, 지우개 혹은 병뚜껑 2개

놀이에 적당한 시간
놀이 준비 5분
놀이 활동 10분

성취 도표
흥미도, 협동력, 창의력, 만족도, 난이도

아이와 함께 놀이 준비!

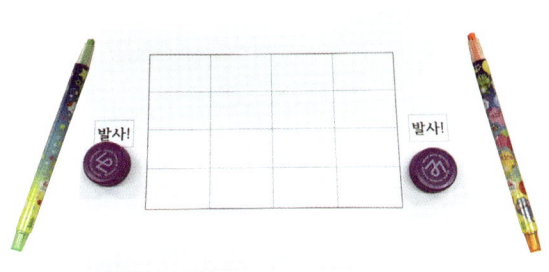

1 종이에 16칸의 표를 그리고 표 양 옆에 발사대를 그려요.

2 발사대에 각자 지우개(또는 병뚜껑)를 놓아요.

★ 231쪽에 놀이판이 있어요!

아이와 함께 놀이 시작!

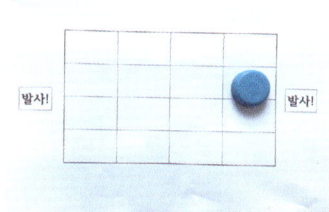

1 가위바위보를 해 이긴 사람부터 발사대에서 지우개를 손가락으로 튕겨요.

2 지우개가 칸 안에 들어가면 자신의 색깔로 색칠하고 땅을 차지해요. 병뚜껑이 선에 걸쳐지면 더 많이 들어간 칸을 차지해요.

3 번갈아 가며 지우개를 튕기고 모든 칸이 색칠되면 놀이가 끝나요.

4 더 많은 칸을 차지한 사람이 이겨요.

이종대왕이 알려주는 꿀팁!

★ 16칸 표에 숫자나 낱말을 적은 후, 땅을 차지하기 전에 읽거나 써 보면 좋아요.

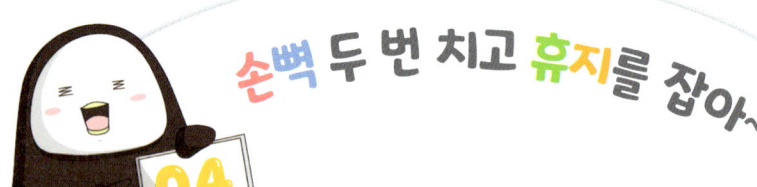

손뼉 두 번 치고 휴지를 잡아~

순발력을 기르는
손뼉 치고 휴지 잡기 놀이

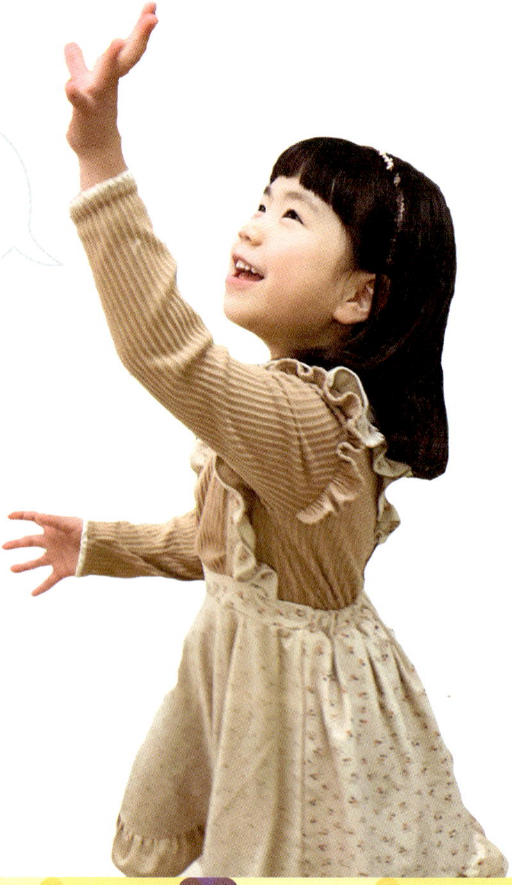

어~ 어~ 어~ 잡았다!

준비물
휴지 1칸

놀이에 적당한 시간 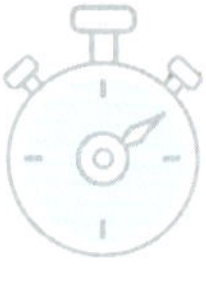
10분 내외

성취 도표
흥미도 / 협동력 / 창의력 / 만족도 / 난이도

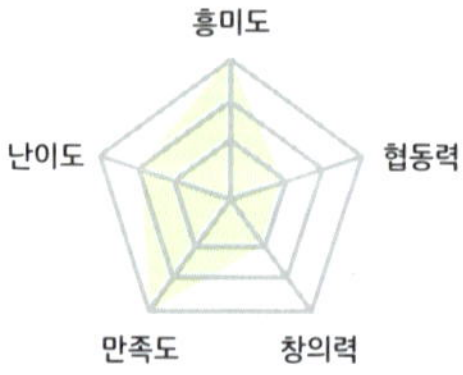

아이와 함께 놀이 준비!

1. 두루마리 휴지를 한 칸 뜯어 와요.
2. 보통 2~3겹으로 된 휴지를 한 겹으로 뜯어요.

아이와 함께 놀이 시작!

1. 엄마가 휴지를 높게 던져 줘요.
2. 아이는 박수를 한 번 치고 휴지를 잡아야 해요.
3. 만약 성공하면 박수를 두 번 치고 휴지를 잡아요.
4. 성공할 때마다 박수 횟수를 늘려 가며 최고 기록에 도전해요.

이종대왕이 알려주는 꿀팁!

★ 에어컨이나 히터 등 바람이 있는 곳은 피해요.
★ 익숙해지기 전까지는 박수를 치지 않고 휴지를 잡는 연습을 해요.

느려도 괜찮아~ 최선을 다해~

05

규칙을 지키며 따박따박
거북이 달리기 놀이

가위바위보!

준비물	놀이에 적당한 시간	성취 도표

 가운데 위치를 표시할 물건

 **5**분 내외

흥미도 / 협동력 / 창의력 / 만족도 / 난이도

아이와 함께 놀이 준비!

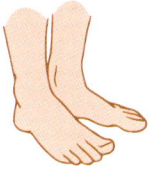  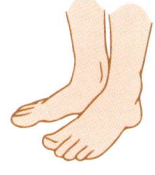

같은 거리   같은 거리

1 바닥에 가운데임을 표시할 인형 등의 작은 물건을 한 개 놓아요.

2 둘이 가운데를 기준으로 비슷한 거리에서 떨어져 마주 보고 서요.

아이와 함께 놀이 시작!

1 가위바위보를 해요.

2 가위바위보에서 이길 때마다 한 발씩 앞으로 가요. 이때 크게 한 걸음이 아니라 발꿈치를 다른 발 발가락에 붙이고 한 발 이동해요.

3 가운데까지 먼저 가는 사람이 승리!

이종대왕이 알려주는 꿀팁!

★ 가위바위보를 못할 경우 참참참으로 번갈아 공격하며 진행을 해요.
참참참은 유튜브에서 '참참참 놀이 방법'을 검색하여 최상단의 영상을 참고하시면 돼요.

★ 공간이 허락한다면 거리를 멀게 하고 크게 한 발 이동하는 것으로 규칙을 수정해도 좋아요.

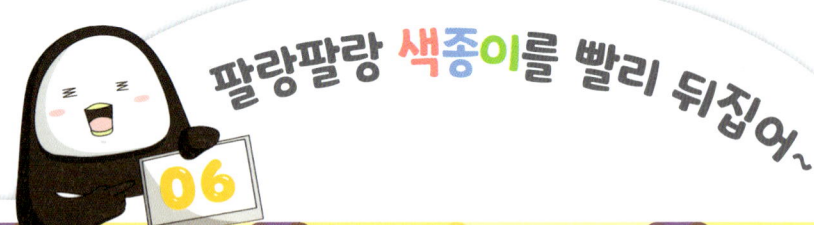

팔랑팔랑 색종이를 빨리 뒤집어~

06

관찰력과 순발력을 기르는
종이 뒤집기 놀이

빨강이 내 색깔!
제가 더 많아요~!

준비물

단면 색종이 10장 이상을 짝수로 준비해요!

놀이에 적당한 시간

놀이 준비 **5분**
놀이 활동 **10분**

성취 도표

아이와 함께 놀이 준비!

1. 단면 색종이를 짝수의 갯수로 준비해서 바닥에 깔아 놓아요. 이때 절반은 색종이의 색깔 면이 보이게 놓고, 절반은 색종이의 흰색 면이 보이게 놓아요.

2. 아이는 색깔 팀, 부모님은 흰색 팀이 되어요.

아이와 함께 놀이 시작!

1. 시작하면 아이는 흰색 면이 보이는 색종이들을 뒤집어 색깔 면이 보이게 해요.

2. 부모님은 색깔 면이 보이는 색종이를 흰색 면으로 뒤집어요.

3. 정해진 시간 동안 계속해서 눈에 보이는 색종이를 자신의 면으로 뒤집어요.

4. 시간이 끝나면 색깔 면과 흰색 면 중 어떤 색종이가 더 많이 남았는지 세어요.

이종대왕이 알려주는 꿀팁!

★ 색종이가 얇아서 뒤집기 어려우면 매트를 깔고 활동하면 쉬워요.
★ 색종이를 4등분해서 작은 색깔 조각 뒤집기로 놀이를 할 수 있어요.
★ 빠른 템포의 노래를 틀어 놓고 진행하면 더욱 재밌어요.

아이와 함께 놀이 준비!

☆ 서로 오른발은 맞대고 왼발은 살짝 뒤로 놓은 상태에서 왼손을 잡아요.

아이와 함께 놀이 시작!

1 가위바위보를 해서 이긴 사람이 오른발을 왼발 뒷꿈치에 붙여요.

2 가위바위보에서 진 사람은 오른 발을 상대 왼발 앞에 붙여요.

3 이런 방식으로 가위바위보에서 지면 점점 다리를 벌리게 되며 균형을 잃을 때까지 진행해요.

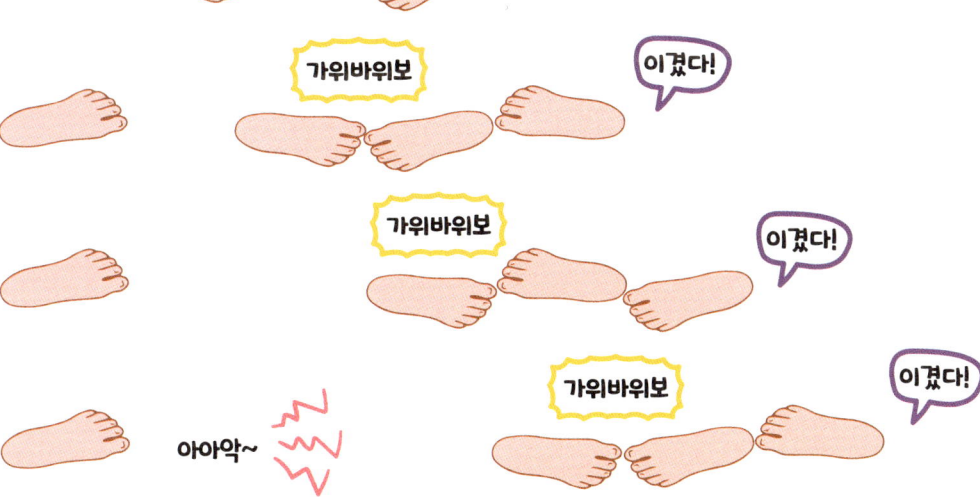

이종대왕이 알려주는 꿀팁!

★ 자녀가 가위바위보를 못할 경우 참참참으로 고개만 양 옆으로 돌리게 진행하면 쉬워요.

★ 양말은 벗고 놀이하는 것이 안전해요.

살얼음판을 걷는 것처럼 사뿐사뿐~
08

릴레이로 즐기는
균형 잡기 놀이

사뿐~
사뿐~

준비물

종이 한 장, 또는 평평한 인형

놀이에 적당한 시간

10분 내외

성취 도표

아이와 함께 놀이 준비!

1. 종이나 평평한 인형 등을 머리에 올려요.
2. 머리 위의 물건을 떨어뜨리지 않고 몇 걸음 움직일 수 있는지 연습해 봐요.
3. 출발지점과 도착지점을 정하고 한 명은 출발지점에, 한 명은 도착지점에 서요.

아이와 함께 놀이 시작!

1. 타이머를 틀고 한 명이 먼저 출발지점에서 도착지점까지 머리에 종이를 올리고 살금살금 걸어요.
2. 만약 중간에 종이가 떨어지면 그 지점에서 다시 종이를 머리에 올리고 계속 걸어가요.
3. 도착지점에 도착하면 다른 한 명의 머리 위에 종이를 올려줘요.
4. 두 번째 주자가 다시 출발지점에 도착했을 때 타이머의 기록을 확인해요.
5. 첫 번째 기록을 확인 후 신기록에 다시 도전!

이종대왕이 알려주는 꿀팁!

★ 긴장감 넘치는 음악을 틀면 좀 더 스릴 있게 진행할 수 있어요.
★ 유튜브에 '긴장감 넘치는 브금'으로 음악을 검색해 보세요.

쎄쎄쎄~ 개울가에 올챙이 한 마리~

09

노래와 동작을 함께
쎄쎄쎄 놀이

가위바위보!

사전 준비	놀이에 적당한 시간	성취 도표
노래 "올챙이와 개구리" 알려 주기	10분 내외	흥미도, 난이도, 협동력, 만족도, 창의력

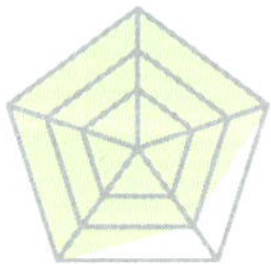

아이와 함께 놀이 시작!

1 쎄쎄쎄와 함께 아이와 두 손을 잡고 시작해요.

2 "개울가에~"에서 박수 한 번을 치고 가위바위보를 해요.

3 아이와 같은 것을 냈는지, 다른 것을 냈는지 확인해요.

4 같은 것을 냈다면 "올챙이 한 마리~"에서 박수 친 후, 손가락으로 V 표시를 만들어요. 다른 것을 냈다면 "올챙이 한 마리~"에서 박수 친 후, 자리에 앉았다가 일어나요.

5 이어서, "꼬물꼬물~"에서 박수와 가위바위보, "헤엄치다~"에서 박수와 동작, "뒷다리가 쑥~"에서 박수와 가위바위보, "앞다리가 쑥~"에서 박수와 동작을 하며 놀이를 이어 갑니다.

🎵 올챙이와 개구리 🎵

개울가에	올챙이 한 마리	꼬물꼬물	헤엄치다
가위바위보	동작	가위바위보	동작
뒷다리가 쑥	앞다리가 쑥	팔딱팔딱	개구리 됐네
가위바위보	동작	가위바위보	동작
꼬물꼬물	꼬물꼬물	꼬물꼬물	올챙이가
가위바위보	동작	가위바위보	동작
뒷다리가 쑥	앞다리가 쑥	팔딱팔딱	개구리 됐네
가위바위보	동작	가위바위보	동작

이종대왕이 알려주는 꿀팁!

★ 아이와 의논하여 동작을 바꾸어 진행할 수 있어요.
　예) 한 바퀴 돌기, 포옹하기, 점프하기 등

조심조심 고리를 탈출해~

"나왔다!!"

조심조심~

아슬아슬 신나는 고리 탈출 놀이

사전 준비

긴장감 넘치는
BGM 찾아보기

놀이에 적당한 시간

10분 내외

성취 도표

아이와 함께 놀이 준비!

1. 긴장감 넘치는 음악을 준비해요.
   ★ 긴장감 넘치는 음악은 유튜브에 '긴장감 넘치는 브금'을 검색하면 쉽게 찾을 수 있어요.
2. 아이는 팔과 다리를 살짝 벌리고 서 있어요.

아이와 함께 놀이 시작!

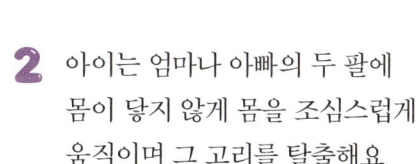

1. 엄마나 아빠가 두 팔로 아이의 몸 한 부분에 고리를 만들어요.

2. 아이는 엄마나 아빠의 두 팔에 몸이 닿지 않게 몸을 조심스럽게 움직이며 그 고리를 탈출해요.
3. 아이가 엄마나 아빠의 몸에 고리를 만드는 것으로 역할을 바꾸어 봐요.

이종대왕이 알려주는 꿀팁!

★ 처음에는 쉽게 한쪽 팔이나 다리에 고리를 만들고 점점 어렵게 고리를 만들어요.

에고에고~ 점점 내 몸이 쓰러져~

네 번 지면 벌러덩 쓰러지는 가위바위보 놀이

이번엔 이길 거야~

사전 준비

가위바위보 알려 주기

놀이에 적당한 시간

 **10분** 내외

성취 도표

아이와 함께 놀이 준비!

1. 서로 마주보고 서 있어요.
2. 만약 가위바위보를 못하면 참참참을 알려 주고 놀이해요.

아이와 함께 놀이 시작!

1. 가위바위보를 해요.
2. 가위바위보에서 한 번 진 사람은 한쪽 무릎을 꿇은 채로 계속 가위바위보를 해요.
3. 만약 두 번 졌다면 양쪽 무릎을 꿇어요.
4. 세 번째 지게 되면 한쪽 팔을 바닥에 대고 옆으로 눕게 해요.
5. 네 번째 지게 되면 다른 쪽 팔도 바닥에 대고 벌러덩 누우며 지게 돼요.

이종대왕이 알려주는 꿀팁!

★ 만약 이겼을 경우 다시 한 단계 위로 올라가게 변형해도 좋아요.
★ 유튜브에 '이종대왕 쓰러지는 가위바위보'를 검색하면 활동 장면을 볼 수 있어요.

점점 늪으로 빠지는 느낌이야~

12

점점 낮아지는
투명의자 엉덩방아 놀이

한 번만 더 지면 엉덩방아야~~

사전 준비

가위바위보 알려 주기

놀이에 적당한 시간

5분 내외

성취 도표

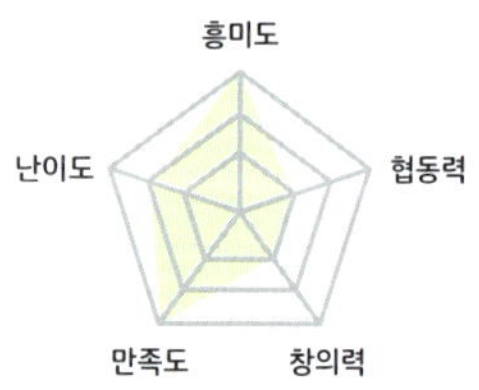

- 흥미도
- 협동력
- 창의력
- 만족도
- 난이도

아이와 함께 놀이  준비!

1 서로 마주보고 서 있어요.

2 만약 가위바위보를 못하면 참참참을 알려 주고 놀이해요.

아이와 함께 놀이 시작!

1 가위바위보를 해요.

2 가위바위보에서 진 사람은 투명의자에 앉는 것과 같은 자세로 살짝 앉고 그 자세에서 계속 가위바위보를 해요.

3 가위바위보에서 질 때마다 계속 조금씩 더 앉아요.

4 더 이상 버티지 못하는 상태가 되면 지게 돼요.

이종대왕이 알려주는 꿀팁!

★ 단순히 무릎만 굽히는 것이 아니라 엉덩이까지 뒤로 빼면서 투명의자 자세로 조금씩 앉아야 해요.

★ 유튜브에 '이종대왕 쓰러지는 가위바위보'를 검색하면 활동 장면을 볼 수 있어요.

한 걸음씩 움직여 터치~

13

층간소음 없이 집에서 즐기는 몸 터치 놀이

터치!!

한 발!

사전 준비

가위바위보 알려 주기

놀이에 적당한 시간

5분 내외

성취 도표

흥미도 / 협동력 / 창의력 / 만족도 / 난이도

아이와 함께 놀이 준비!

1. 두 사람이 각각 거실의 양 끝에 서요.
   예) 한 사람은 창문 쪽, 나머지 한 사람은 현관 쪽

2. 가위바위보나 참참참으로 먼저 움직일 사람을 정해요.

아이와 함께 놀이 시작!

1. 이긴 사람이 먼저 "한 발!"을 외치며 한 걸음 이동해요.

2. 이번엔 상대방이 "한 발!"을 외치며 한 걸음 이동해요.

3. 번갈아 가면서 계속 한 걸음씩 이동해요. 이동할 때 상대방을 먼저 터치하는 사람이 이겨요.

이종대왕이 알려주는 꿀팁!

★ 터치는 자신의 이동 차례일 때만 할 수 있어요.
★ 가족과 함께 팀 놀이로 진행할 수 있어요.

몸을 뒤로 구부리고 조심조심~

유연성과 체력을 기르는
림보 놀이

헤헷~
이 정도 쯤이야

| 준비물 | 놀이에 적당한 시간 | 성취 도표 |

 끈

 **5분 내외**

아이와 함께 놀이 준비!

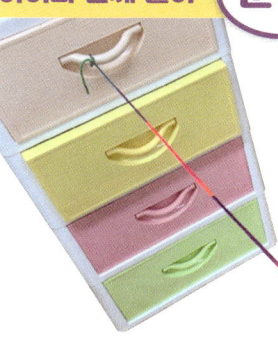

1 엄마와 아빠가 끈을 잡아요. 만약 한 명만 활동에 참여할 경우 끈을 의자 같은 곳에 쉽게 풀 수 있도록 묶어요.

2 아이에게 림보로 통과하는 자세를 가르쳐요.

아이와 함께 놀이 시작!

1 노래를 틀고 아이가 끈 아래를 지나가도록 해요.

2 성공하면 끈의 높이를 점점 내려요.

3 아이가 성공하면 부모도 같이 해 봐요.

이종대왕이 알려주는 꿀팁!

★ 뒤로 넘어지지 않도록 주의하며 진행해요.
★ 직접 동요를 불러 주면서 진행해도 좋아요.

이번엔 **발밑으로** 지나가 보자~

에너지와 재미가 넘치는
발 림보 놀이

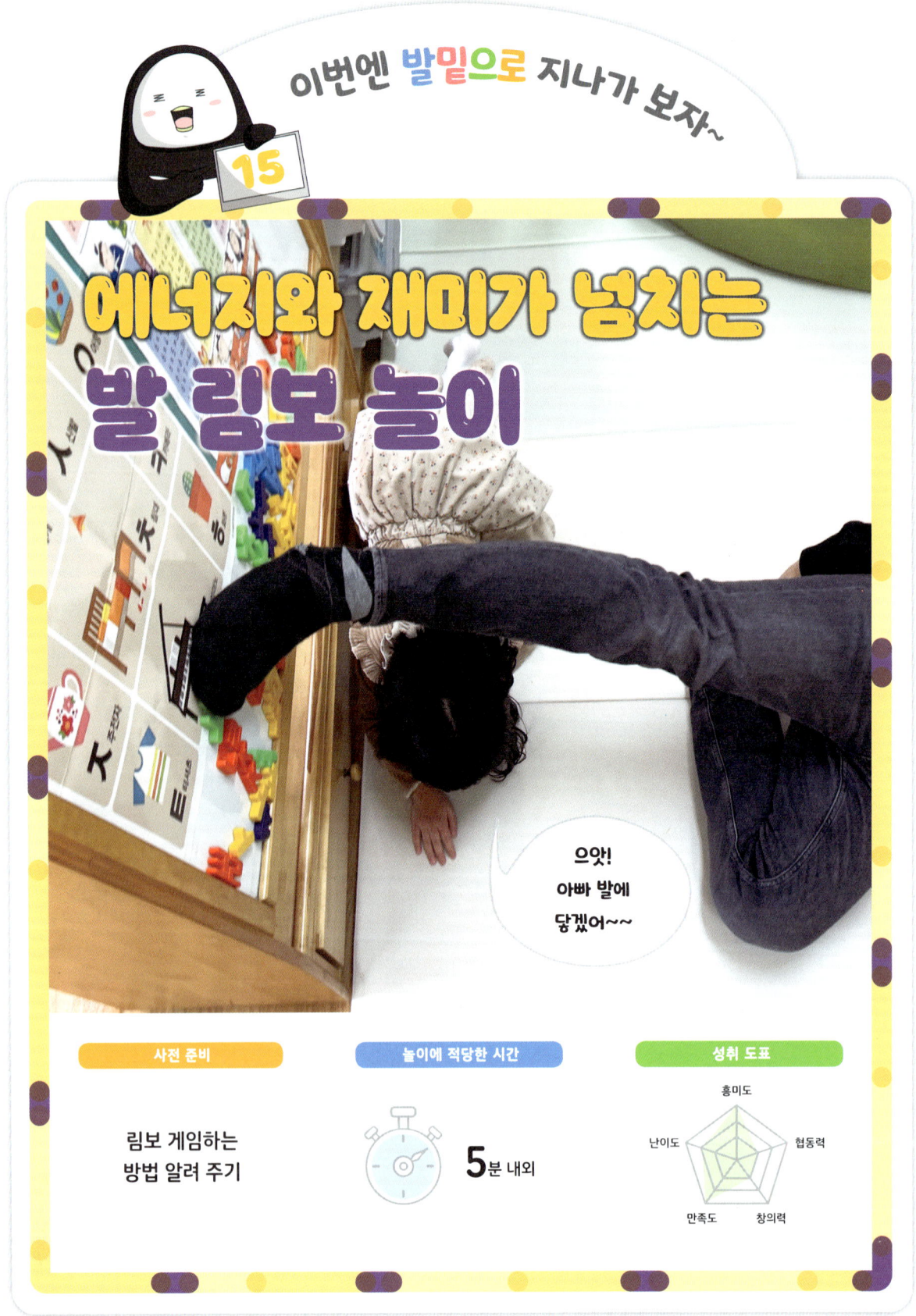

으앗! 아빠 발에 닿겠어~~

사전 준비	놀이에 적당한 시간	성취 도표
림보 게임하는 방법 알려 주기	5분 내외	흥미도 / 협동력 / 창의력 / 만족도 / 난이도

아이와 함께 놀이 준비!

1. 누운 자세에서 발을 냉장고나 벽 등에 올려요.
2. 아이가 충분히 그 사이를 통과할 수 있을 만큼 높이 발을 올려요.

아이와 함께 놀이 시작!

1. 시작하면 아이가 아빠의 발 밑으로 통과해요.
2. 성공하면 발의 높이를 점점 낮춰요.
3. 통과할 때 몸에 닿는 것은 상관없어요.

이종대왕이 알려주는 꿀팁!

★ 아이가 부모 몸에 세게 닿으면 발을 내리며 무너진 것처럼 해도 재미있어요.
★ 높이를 조금씩 낮추며 아이가 계속해서 성공하는 경험을 주세요.

· 2장 · 가장 쉬운 아이 중심

한글 놀이 11

아이들의 언어 발달은 간단한 요구와 생활 단어 사용 등으로부터 시작해 명사 외에 동사, 형용사 등을 이해하고 완전한 문장을 발화하는 과정을 거칩니다. 이 시기에 무리한 주입식 한글 교육은 아이에게 학습에 대한 부정적인 인식을 갖게 합니다. **놀이를 통한 한글 교육이 중요**한 이유입니다.

듣기 중심의 한글 놀이는 반복적인 말놀이를 가능하게 하여 아이의 언어 구사력을 기르는 데 도움을 줍니다. 말하기 중심의 한글 놀이는 아이가 듣고 따라 말하게 됨으로써 **말하고 싶은 욕구를 자극**합니다. 읽기 중심의 한글 놀이는 아이의 사고력을 길러 줄 뿐만 아니라 상상력과 사고력을 길러 줍니다. 또한 쓰기 중심의 한글 놀이는 언어에 대한 개념을 인지하게 되고 글자 형성에 대한 흥미를 가지게 되어 자연스럽게 한글을 습득할 수 있게 도움을 줍니다.

이번 장에서 하게 될 한글 놀이는 언어에 대해 긍정적인 인식을 심어 주고 거부감 없이 언어를 습득할 수 있게 도와줍니다. **듣고, 말하고, 읽고, 쓰는 한글 놀이로 자연스럽게** 아이의 언어 **능력이 향상**할 것입니다.

글자 수에 맞게 박수를 쳐~ 16

짝! 짝!

나비!

어휘력이 쑥쑥 자라는
낱말 끊어 말하기 놀이

준비물	놀이에 적당한 시간	성취 도표
A4 한 장, 펜	5분 내외	흥미도 / 난이도 / 협동력 / 만족도 / 창의력

아이와 함께 놀이 준비!

☆ 아이에게 놀이에 사용할 낱말을 말해 주세요. 낱말 카드로 만들어서 바닥에 늘어놓고 보여 줘도 좋아요.

★ 233쪽에 낱말 카드가 있어요!

아이와 함께 놀이 시작!

1 먼저 아이에게 낱말 한 개를 골라 말해 주세요. 낱말 카드로 만들었다면 한 개를 골라 손으로 가리키며 말해요.

2 아이는 들은 낱말을 따라 하며 글자 수에 맞게 박수를 쳐요.

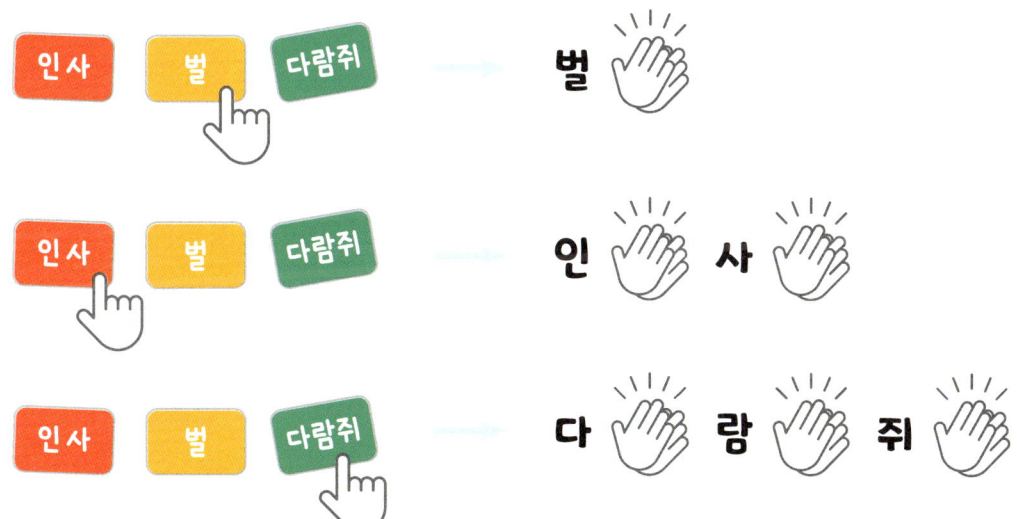

3 이번에는 역할을 바꾸어서 아이가 낱말을 말해요.

이종대왕이 알려주는 꿀팁!

★ 처음에는 한두 글자 낱말 위주로 진행하다가 점차 글자 수를 늘려요.
★ 주변에 있는 사물, 또는 아이에게 익숙한 낱말을 제시해 주세요.
★ 낱말을 음절 단위로 끊어서 말하는 연습을 통해 자연스럽게 어휘력, 말하기 능력이 향상해요.

두 글자 낱말엔 뭐가 있을까?

어휘력을 키우는
같은 글자 수 낱말 찾기 놀이

한 글자 낱말에 뭐가 있었더라?

사전 준비
아이가 말하기 쉬운 한 글자 낱말, 두 글자 낱말, 세 글자 낱말 생각해 두기

놀이에 적당한 시간

10분 내외

성취 도표
흥미도
협동력
창의력
만족도
난이도

아이와 함께 놀이  준비!

1 두 글자 낱말, 세 글자 낱말, 한 글자 낱말에 무엇이 있는지 아이와 이야기를 나누어요.

2 아이와 함께 최대한 많은 낱말을 찾아봐요.

아이와 함께 놀이 시작!

1 글자 수가 두 글자인 낱말부터 시작해요.

2 아이와 번갈아 가며 글자 수가 두 글자인 낱말을 말해요.

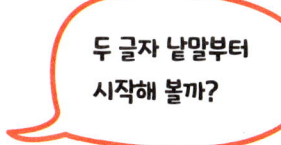

3 두 글자 낱말에 이어 세 글자 낱말, 한 글자 낱말로 확장하여 놀이를 진행해요.
  - 예 · 세 글자 낱말 "다람쥐-코끼리-화장실-냉장고"
  - 예 · 한 글자 낱말 "꿀-눈-코-컵"

이종대왕이 알려주는 꿀팁!

★ 아이가 낱말을 떠올리는 것에 어려움을 느끼면, 작은 도움을 주세요.
   몸 동작, 구체적인 설명 등이 가능해요.
  - 예 · 우리가 오늘 아침에 뭘 먹었는지 기억나니? (사과)
     · 겨울에 하늘에서 내리는 게 뭐였니? (눈)

'나비'가 들리면 바로 박수 짝!

쉿!

집중!

집중력 기르는
동요 듣고 박수 치기 놀이

준비물

동요 '나비야', '올챙이와 개구리', '아기 상어' 등

놀이에 적당한 시간

 **10**분 내외

성취 도표

아이와 함께 놀이 준비!

☆ 아이가 좋아하는 동요, 그리고 특정 낱말이 반복되는 동요를 준비해요.

🎵 나비야 🎵

나비야, 나비야 이리 날아 오너라
노랑나비, 흰 나비 춤을 추며 오너라
봄바람에 꽃잎도 방긋방긋 웃으며
참새도 짹짹짹 노래하며 춤춘다

🎵 올챙이와 개구리 🎵

개울가에 올챙이 한 마리 꼬물꼬물 헤엄치다
뒷다리가 쑥 앞다리가 쑥 팔딱팔딱 개구리 됐네
꼬물꼬물 꼬물꼬물 꼬물꼬물 올챙이가
뒷다리가 쑥 앞다리가 쑥 팔딱팔딱 개구리 됐네

아이와 함께 놀이 시작!

1 아이와 함께 동요를 들어요.

2 동요를 한 번 더 들으며 특정 낱말이 나올 때 박수를 쳐요.
   예) '나비야' 동요에서 '나비'라는 낱말이 나올 때마다 박수를 칩니다.

3 박수 대신 새로운 미션을 제시해 줘도 좋아요.
   예) 한 바퀴 돌기, 엄마와 하이파이브, 나비 날갯짓 포즈 취하기 등

나비야, 나비야 이리 날아 오너라

노랑나비, 흰 나비 춤을 추며 오너라

봄바람에 꽃잎도 방긋방긋 웃으며

참새도 짹짹짹 노래하며 춤춘다

이종대왕이 알려주는 꿀팁!

★ 동요에 집중하며 듣는 과정에서 자연스럽게 집중력과 언어 능력이 향상해요.

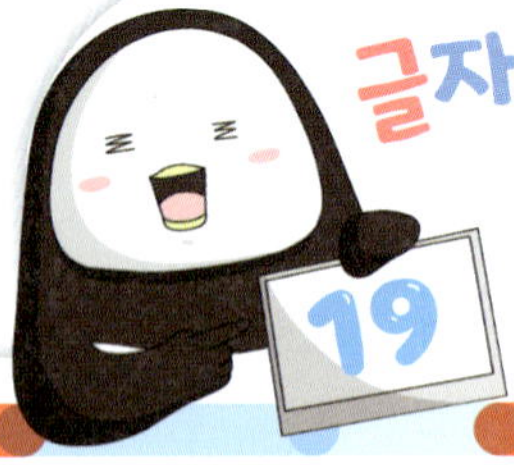
19

글자 모양

보물을 찾아 고~고~

한글도 익히고 성취감도 느끼는 보물찾기 놀이

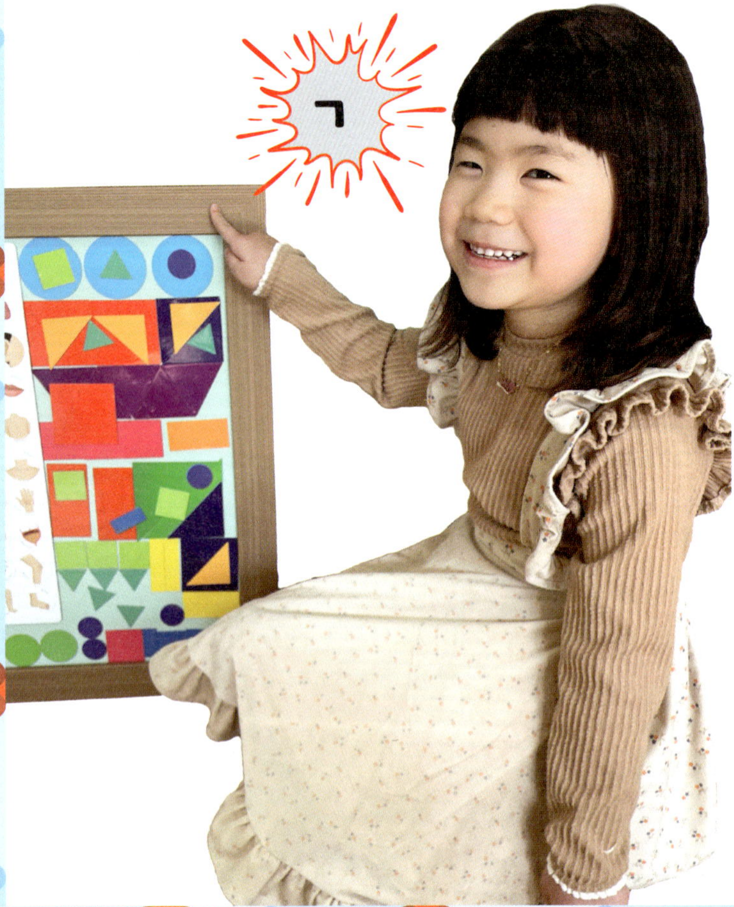
ㄱ

준비물

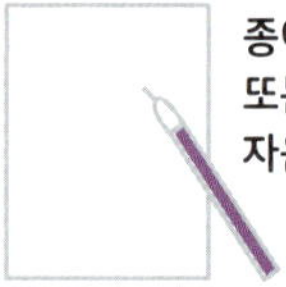

종이, 연필
또는
자음 카드

놀이에 적당한 시간

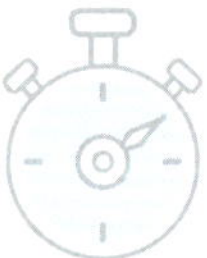

10분 내외

성취 도표

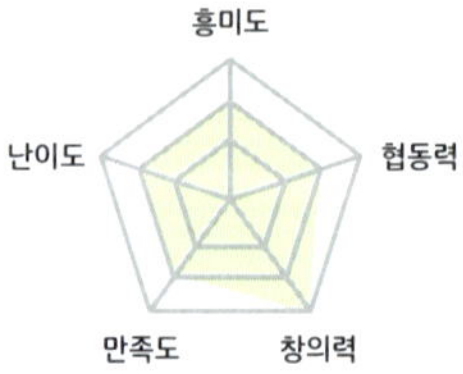
흥미도
협동력
창의력
만족도
난이도

아이와 함께 놀이 준비!

☆ (한글을 처음 익히는 경우) 'ㄱ'자, 'ㄴ'자 등 놀이에 활용할 한글 자모의 모양을 아이에게 그려서 보여 줘요.

★ 235쪽에 자음 카드가 있어요!

아이와 함께 놀이 시작!

1 집 안에서 'ㄱ'자 모양이 있는 곳을 찾아요.
   예 의자에서 'ㄱ'자 모양을 찾을 수 있어요.
   젓가락 2개를 합쳐서 'ㄱ'을 만들어도 좋아요.

2 모양을 찾으면 손가락으로 'ㄱ'자 모양을 그려 봐요.

3 'ㄱ'부터 'ㅎ'까지, 그리고 모음도 찾아 봐요.

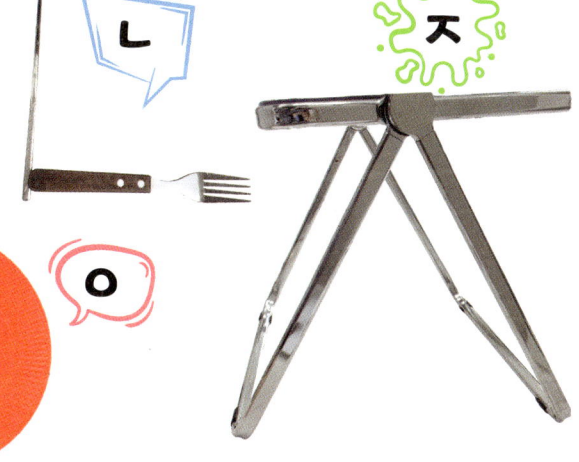

이종대왕이 알려주는 꿀팁!

★ 아이가 한글을 처음 접할 때도 괜찮아요. 자연스럽게 자음, 모음의 모양에 익숙해지도록 해 주세요.
★ 한 번에 모든 자음과 모음을 적용하는 것보다 하루에 1-2개 정도의 자모를 접하도록 해요.
★ 집 안에서 찾은 자음, 모음을 사진으로 찍어서 기록해도 좋아요.

자음으로 만든 징검다리를 건너자~
20

몸을 움직이며 신나게
자음 순서 익히기 놀이

ㅂ 다음은 ㅅ
ㅅ이 어디 있지?

준비물

A4종이 7장

놀이에 적당한 시간
놀이 준비 **10분**
놀이 활동 **10분**

성취 도표

아이와 함께 놀이 준비!

1 A4종이 7장을 절반으로 나누어 총 14장의 카드를 만들어요.

2 각각의 카드에 'ㄱ'부터 'ㅎ'까지의 자음을 적어요.

3 완성된 자음 카드를 바닥에 글자가 보이게 놓아요. 징검다리 완성!

아이와 함께 놀이 시작!

1 'ㄱ'부터 'ㅎ'까지 순서대로 밟아요.

2 놀이에 익숙해지면 자음 카드의 위치를 바꾸어서 해 봐요.

이종대왕이 알려주는 꿀팁!

★ 연속된 자음을 가깝게 놓는 것이 좋아요.
★ 놀이에 익숙해지면 징검다리를 빠르고 정확하게 건너는 것을 목표로 놀이를 해요.
　예 모두 건너는 데 걸리는 시간 재 보기

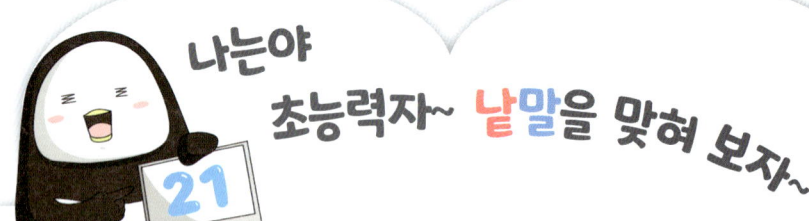

나는야 초능력자~ 낱말을 맞혀 보자~

21

스무고개로
이마에 붙은 낱말 맞히기 놀이

토끼! 맞았다~

준비물

포스트잇 8장, 연필

놀이에 적당한 시간

10분 내외

성취 도표

아이와 함께 놀이 준비!

1. 포스트잇 8장에 아이에게 친숙한 낱말을 적어요.
   예 토끼, 사과, 엄마, 유치원

2. 포스트잇을 뒤집어 놓고 놀이를 시작해요.

아이와 함께 놀이 시작!

1. 엄마와 아이가 포스트잇을 하나씩 고르고 상대방의 이마에 붙여 줍니다.

2. 자신의 이마에 붙은 낱말이 무엇인지 모르는 상태에서 놀이를 시작해요.

3. 이마에 붙은 낱말을 알아내기 위해 상대방에게 질문을 합니다.

4. 이마에 붙은 낱말이 무엇인지 알 것 같으면, 정답을 맞힙니다. 정답이 맞다면 포스트잇을 떼서 확인하고, 아니라면 질문을 계속합니다.

두 글자인가요? 네
음식인가요? 아니오
동물인가요? 네

이종대왕이 알려주는 꿀팁!

더욱 재미있어진다~!

★ 낱말을 적을 때에는 아이와 의논하여 다양한 낱말이 나올 수 있게 해 주세요.
★ 아이의 연령에 따라 포스트잇을 뽑는 단계를 생략하고 각자 상대방의 이마에 붙여 줄 낱말을 직접 적어서 놀이를 진행할 수 있어요.

펼쳐라! 찾아라! 누가 많이 찾을까?

책과 자연스럽게 친해지는 펼쳐 찾기 놀이

초록색을 찾으라고요?

준비물
집에 있는 책, 신문, 잡지 등 그림이 있는 읽기 자료 

놀이에 적당한 시간 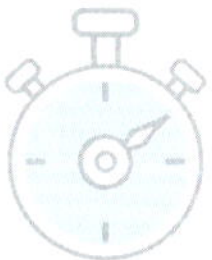
10분 내외

성취 도표
흥미도 / 협동력 / 창의력 / 만족도 / 난이도

아이와 함께 놀이 준비!

☆ 그림과 글이 있는 읽기 자료를 준비해요. 무엇이든 괜찮아요.
  예) 책, 잡지, 신문 등

아이와 함께 놀이 시작!

1. 아이와 의논해서 찾을 것(미션)을 정해요.
   예) 사람 찾기,
       글자 '가' 찾기,
       초록색 찾기 등

2. "하나, 둘, 셋!"을 외치면 책을 펼쳐요.

3. 펼친 책에서 앞서 정한 것을 아이와 함께 찾아요.

이종대왕이 알려주는 꿀팁!

★ 책이나 읽기 자료를 읽기 전 활동으로 이 놀이를 할 수 있어요. 읽을 책과 자연스럽게 친해져요.
★ 아이와 각각 책을 펼치고, 사람 수가 더 많은 쪽이 승리하는 놀이를 할 수 있어요.

탁구공을 굴려서 글자를 만들어~

23

글자의 원리를 익히는
자음 모음 합체 놀이

이번엔
ㅎ이다~

준비물
계란판 2개, 탁구공 또는 휴지공 1개, 종이, 연필

놀이에 적당한 시간
놀이 준비 **10분**
놀이 활동 **10분**

성취 도표

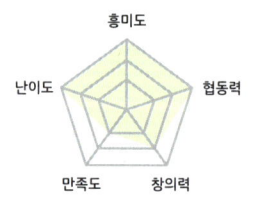

아이와 함께 놀이 준비!

☆ 계란판 한 판에는 자음을, 한 판에는 모음을 한 칸에 하나씩 적어요. 남는 칸은 자유롭게 채워 넣어요.

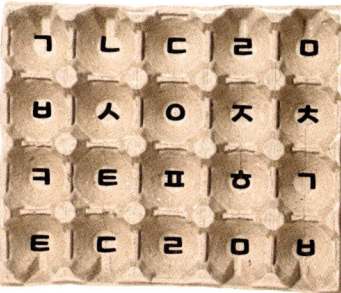
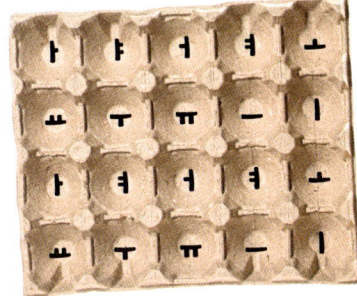

아이와 함께 놀이 시작!

후

1. 자음판에 탁구공을 던지고, 탁구공이 들어간 칸의 자음자를 확인해요.
2. 자음자를 확인했다면, 종이에 적어요.
3. 모음칸에 탁구공을 던지고, 탁구공이 들어간 칸의 모음자를 확인해요.
4. 모음자도 종이에 적어 글자를 완성해요.
5. 완성한 글자를 아이와 함께 읽어요. 여러 가지 글자를 만들 수 있어요.

이종대왕이 알려주는 꿀팁!

더욱 재미있어진다~!

★ 글자들을 어느 정도 만든 후에는, 만든 글자들을 살펴보며 낱말이 되는 것이 있는지 확인해요.
   예 "'사'와 '자'를 합쳐서 '사자'를 만들 수 있겠네?"
   "여기에 있는 '모'와 무슨 글자를 합치면 좋을까?" (모자)
★ 처음에는 글자 쓰기를 엄마가 도와주다가, 놀이에 익숙해진 후에는 아이가 스스로 글자를 쓸 수 있게 해 주세요.
★ 자음 계란판을 추가하여 받침이 있는 글자를 만들 수 있어요.

거꾸로! 들은 걸 거꾸로 말해 봐~

어휘력과 암기력을 기르는
낱말 거꾸로 말하기 놀이

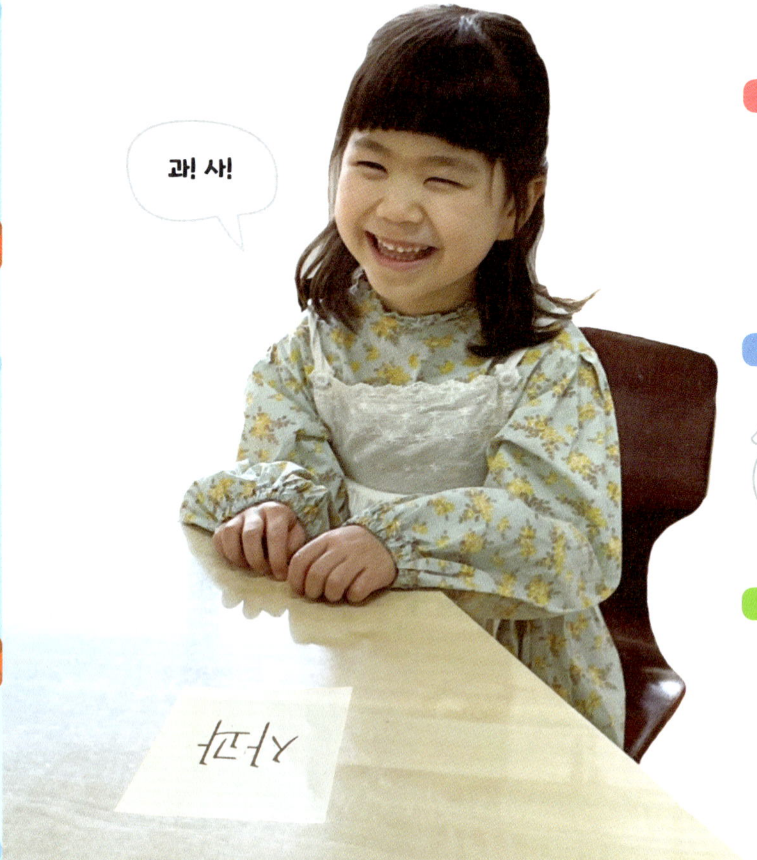

"과! 사!"

준비물
종이, 펜 또는 낱말 카드

놀이에 적당한 시간
5분 내외

성취 도표
(흥미도, 협동력, 창의력, 만족도, 난이도)

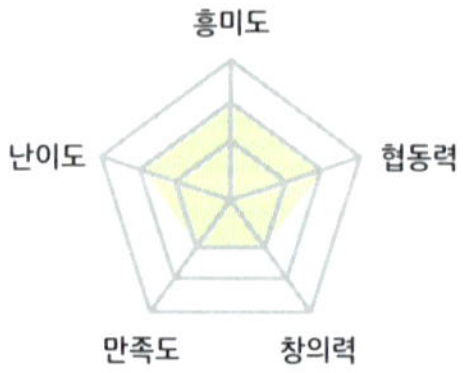

아이와 함께 놀이  준비!

바지 모자 나비
기차 사과 아빠 다리
과자 인사 우유

⭐ 아이와 함께 두 글자로 된 낱말에 어떤 것들이 있는지 이야기해 봐요. 아이에게 친숙하고 받침이 없는 쉬운 낱말 위주로 생각해 봐요.

예) 사자, 과자, 모자, 바지, 아빠, 김치, 다리, 우유 등

★ 234쪽에 낱말 카드가 있어요!

아이와 함께 놀이 시작!

1 아이에게 두 글자 낱말 하나를 들려줘요.

2 아이는 들은 낱말을 거꾸로 말해요.

3 아이와 번갈아 가며 놀이를 해요.

이종대왕이 알려주는 꿀팁!

★ A4종이와 연필을 이용하여 낱말을 거꾸로 쓰는 놀이도 할 수 있어요.
★ 쉬운 낱말에서 어려운 낱말로 확장하며 놀이를 진행해요.

나는야 흄내쟁이! 나는야 청개구리!

순발력과 응용력을 기르는 흄내쟁이 청개구리 놀이

"그럼 나는 팔 위로!"

"팔 아래로!"

사전 준비

반대의 의미 알려 주기

놀이에 적당한 시간

5분 내외

성취 도표

- 흥미도
- 난이도
- 협동력
- 만족도
- 창의력

아이와 함께 놀이 준비!

1 부모가 행동을 하면 아이가 그 행동을 따라 해요.

2 예를 들어 손을 들면 아이도 손을 들고, 일어서면 아이도 일어서는 등 행동을 따라 해요.

아이와 함께 놀이 시작!

1 이제부터는 부모의 행동을 반대로 해요.

2 부모가 손을 위로 들면 아이는 손을 아래로 내려요. 다리를 벌리면 아이는 다리를 오므리고, 일어서면 아이는 앉는 식으로 반대로 행동을 해요.

이종대왕이 알려주는 꿀팁!

★ 명령을 했을 때 그 명령의 반대 행동을 하는 것으로 응용할 수 있어요.
  부모가 "일어서!"라고 말하면 아이는 앉는 식으로 활동해요.

★ 아이가 명령을 하고 부모가 반대로 따라 해도 재밌어요.

우리는 환상의 커플! 카드를 뒤집어~

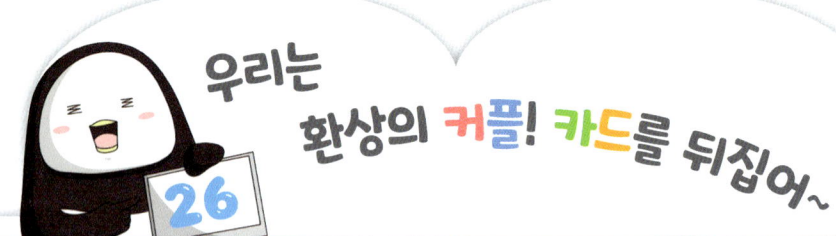

기억력과 협응력을 기르는 짝 찾기 카드 놀이

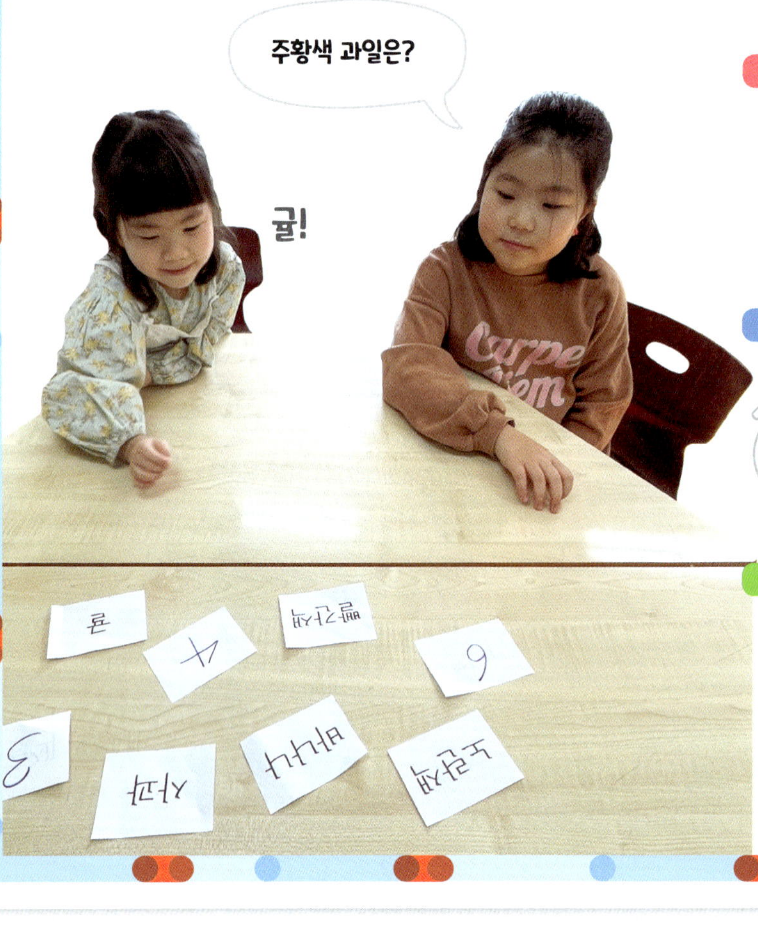
주황색 과일은?
귤!

준비물

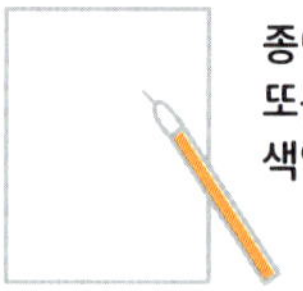

종이, 펜 또는 색연필

놀이에 적당한 시간

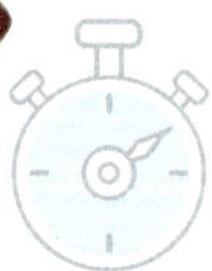

10~15분

성취 도표

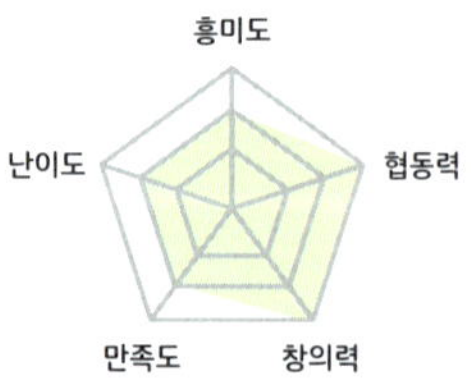
흥미도
협동력
창의력
만족도
난이도

아이와 함께 놀이  준비!

1 두 장이 쌍이 되는 주제를 선정합니다.
- 숫자: [1 — 하나]
  [2 — 둘]
  [3 — 셋]
  [4 — 넷] 등
- 과일: [빨간색 — 사과]
  [초록색 — 키위]
  [노란색 — 바나나]
  [주황색 — 귤] 등

2 엄마가 낱말을 한 개 말하면 아이가 그 짝을 이야기합니다. 예를 들어 엄마가 "빨간색 과일은?"이라고 물으면 아이가 "사과."라고 답을 합니다.

3 질문과 아이의 답을 엄마가 종이에 한 칸씩 적습니다.

4 4~5쌍 정도 적은 뒤 모두 뒤집어 놓습니다. (연령이 높을수록 많이 만들기)

아이와 함께 놀이 시작!

1 엄마가 먼저 카드 한 개를 뒤집습니다.

2 아이는 뒤집은 카드를 보며 다른 카드를 뒤집습니다.

3 만약 뒤집은 카드가 쌍이 아니라면 모두 다시 뒤집습니다.

4 이번엔 아이가 먼저 카드를 뒤집습니다.

5 엄마가 카드를 보고 다른 카드를 뒤집습니다.

6 위와 같이 쌍을 찾으면 종이 뒷면에 바나나를 함께 그려 봐요

7 이런 방식으로 모든 쌍을 찾으며 함께 그림을 그려 봅니다.

이종대왕이 알려주는 꿀팁!

★ 쌍은 반드시 아이와 함께 만들며 간혹 엉뚱하게 들리는 쌍을 말해도 꼭 이유를 물어 보고 적극 반영합니다.

★ 아직 글자 읽기가 미숙한 연령대라면 그림으로 표현해도 무방합니다. 예를 들어 노란색 과일과 바나나라면 한 카드에는 노란색으로 색칠, 한 카드에는 바나나 그림으로 표현해도 됩니다.

★ 가급적 뒤집힌 카드의 내용이 보이지 않도록 색지나 색종이를 활용해 주세요.

· 3장 · 가장 쉬운 아이 중심

숫자 놀이 15

대부분의 아이들은 말을 하기 시작하면서 숫자에 대해 관심을 보입니다. 그만큼 숫자는 우리 일상에 가까이 있지만 수의 세계를 한 번에 습득하기란 쉽지 않습니다. 말문이 처음 트인 아이들의 눈에는 숫자가 단지 이미지일 뿐인데, 이 시기에 숫자를 정확하게 알려 주고 수의 개념만 심어 주어도 의미 있는 학습이 됩니다.

숫자 놀이를 통해 수를 익히게 되면 아이들은 자연스럽게 숫자에 대해 흥미를 가집니다. 숫자 놀이를 통해 **사고력, 문제 해결력**을 기를 수 있습니다. 또한 수의 개념을 놀이로 알아 가면서 사물의 특징을 이해하고 **공간 지각력, 창의력** 등을 키울 수 있습니다.

숫자 놀이를 할 때 다양한 색상과 모양의 숫자 카드를 사용하면 **시각적인 감각**을 키울 수 있습니다. 아이는 모양을 기억하여 숫자와도 연결해 생각하게 됩니다. 숫자 놀이는 또한 **집중력**을 키워 줍니다. 하나, 둘 숫자를 세면서 셈하기에 몰두하다 보면 집중력을 키울 수 있습니다. 아이와 함께 숫자 놀이로 특별한 경험을 해 보세요.

점과 점을 이으면 내 땅이다~

도형과 친해지는 점 이어 땅 만들기 놀이

어느 점이랑 이어야 내 땅이 커질까?

준비물

종이 1장, 색연필 2자루

놀이에 적당한 시간

놀이 준비 **5**분
놀이 활동 **10**분

성취 도표

아이와 함께 놀이 준비!

1 종이에 점 여러 개(20개 이상)를 찍어요.

2 각자 색연필 색깔을 정해요.

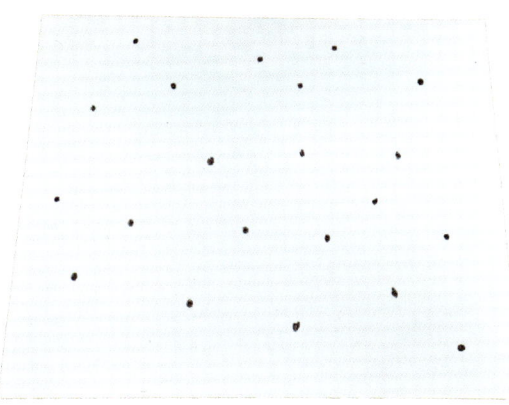

아이와 함께 놀이 시작!

1 가위바위보에서 이긴 사람부터 점과 점을 이어 선 하나를 그어요.

2 진 사람도 점과 점을 이어 선을 그어요. 이때, 다른 사람이 그은 선 위에는 선을 그을 수 없어요.

3 아이와 번갈아 가며 선을 긋다가, 그은 선으로 삼각형(세모, △)을 완성하면 안을 색칠해요.

4 더 이상 그을 선이 없으면 각자 땅이 몇 개인지 세어 봐요.

이종대왕이 알려주는 꿀팁!

★ 세모 만들기 놀이를 하고 난 후, 네모(사각형) 만들기 놀이로 발전시킬 수 있어요.

★ 이 놀이를 통해 자연스럽게 점, 선, 면으로 이루어진 도형의 기본 원리와 개념을 익힐 수 있어요.

28 파랑색 물건은 무엇 무엇이 있을까?

수 감각을 익히는
관찰 그래프 그리기 놀이

"우산이 초록색이니까 초록에 동그라미~"

준비물
종이, 연필 

놀이에 적당한 시간 
15분 내외

성취 도표
흥미도 / 협동력 / 창의력 / 만족도 / 난이도

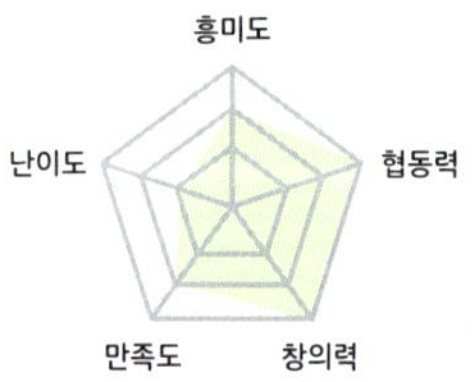

아이와 함께 놀이 준비!

☆ 가로축은 색깔, 세로축은 숫자로 그래프를 만들어요.

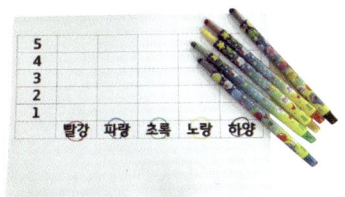

	빨강	파랑	초록	노랑	하양
5					
4					
3					
2					
1					

★ 237쪽에 놀이판이 있어요!

아이와 함께 놀이 시작!

1. 아이와 함께 주변을 관찰하여 사물을 하나씩 골라요.

2. 고른 사물이 무슨 색인지 보고, 그래프에 동그라미를 해요.

3. 그래프를 완성하고 나면, 색깔별로 사물이 몇 개 있는지 이야기를 나눠요.

이종대왕이 알려주는 꿀팁!

★ 이 놀이를 통해 자연스럽게 수 감각을 익히고, 기초적인 통계를 경험할 수 있어요.
★ 가로축을 색깔 이외에 모양, 글자 수 등으로 바꾸어 진행할 수 있어요.

같은 색깔끼리 색종이를 모아모아~

29

빨대로 재미있게 색종이 분류하기 놀이

휙! 휙!

호흡~!

준비물
4가지 색의 색종이, 접시 4개, 빨대 

놀이에 적당한 시간
놀이 준비 **10**분
놀이 활동 **15**분 내외

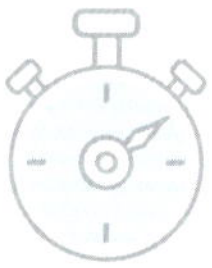

성취 도표
흥미도, 협동력, 창의력, 만족도, 난이도

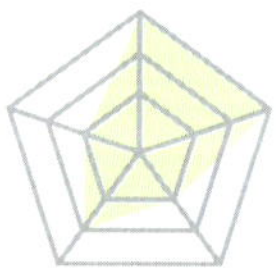

아이와 함께 놀이 준비!

1 4가지 다른 색(빨, 파, 노, 초)의 색종이를 각각 4등분해요. (총 16조각)

2 4가지 접시에 각각 다른 색의 종이 조각을 붙여요.

아이와 함께 놀이 시작!

☆ 빨대를 이용해서 같은 색깔의 색종이 조각끼리 접시에 모읍니다.

이종대왕이 알려주는 꿀팁!

★ 이 놀이로 분류하기를 경험할 수 있어요.
★ 엄마와 아이가 접시를 2개씩 나누어 놀이를 진행할 수 있어요.

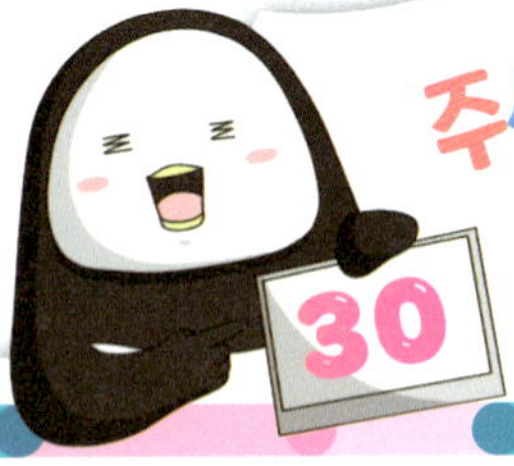
30

주사위를 굴리고 카드를 뒤집어~

기억력과 시각인지능력이 향상되는 주사위 메모리 놀이

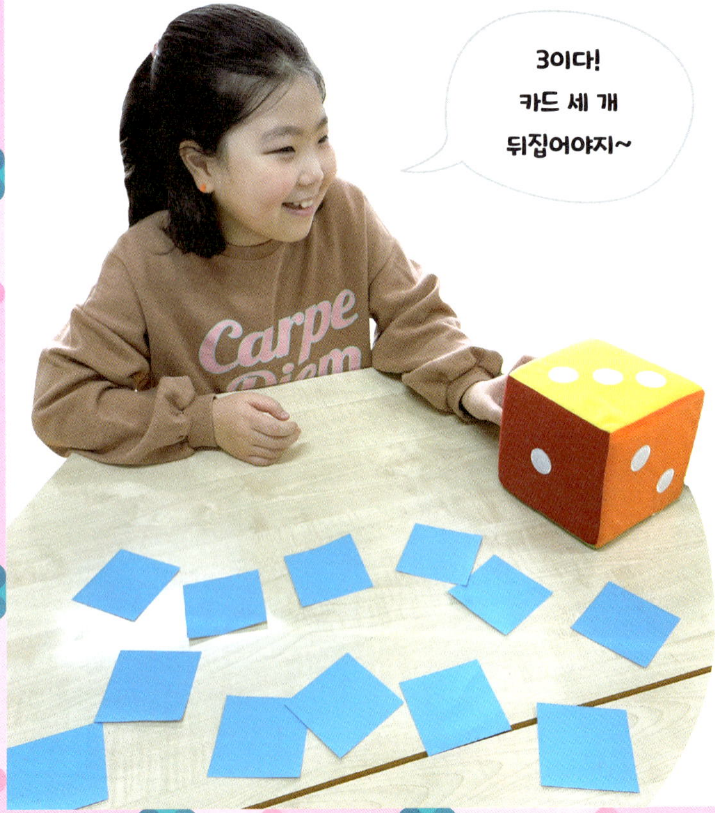
3이다!
카드 세 개
뒤집어야지~
Carpe

준비물

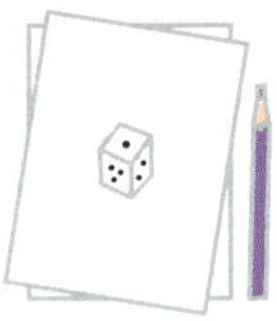

A4종이 2장,
주사위,
연필

놀이에 적당한 시간

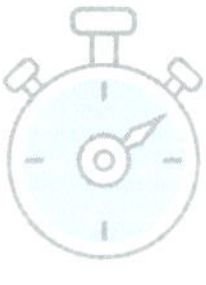

놀이 준비
10분
놀이 활동
15분

성취 도표

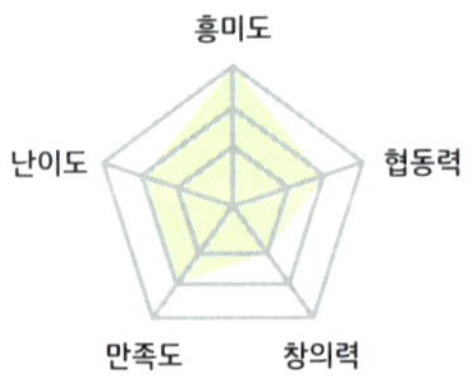
흥미도
협동력
창의력
만족도
난이도

아이와 함께 놀이 준비!

1. A4종이 2장을 8등분해요. 16장의 카드를 만들어요.
2. 2장씩 한 쌍의 카드에 같은 모양을 그려요.
   ★ 239쪽, 241쪽에 모양 카드가 있어요!
3. 카드를 잘 섞고 뒤집어요.

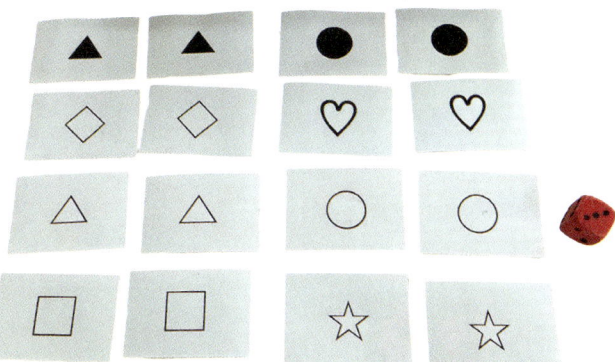

아이와 함께 놀이 시작!

1. 가위바위보에서 이긴 사람부터 주사위를 굴려요.
2. 주사위를 굴려서 나온 수만큼 카드를 뒤집어요.

3. 같은 모양이 그려진 카드가 나오면 카드를 가져가요. 같은 모양의 카드가 없다면 원래대로 뒤집어요.
4. 번갈아 가며 놀이를 진행하다가 책상 위에 놓인 카드가 다 없어지면 놀이가 끝나요.
5. 더 많은 수의 카드를 가져간 사람이 이겨요.

이종대왕이 알려주는 꿀팁!

★ 아이의 연령에 맞게 같은 모양 카드를 같은 낱말, 같은 숫자 등으로 바꿀 수 있어요.

다음 숫자를 찾아 미로 속으로~

숫자의 순서를 익히는
미로 그리기 놀이

6 다음에는 7~

준비물
종이, 연필, 색연필 

놀이에 적당한 시간
놀이 준비 **5분**
놀이 활동 **10분**

성취 도표
흥미도, 협동력, 창의력, 만족도, 난이도

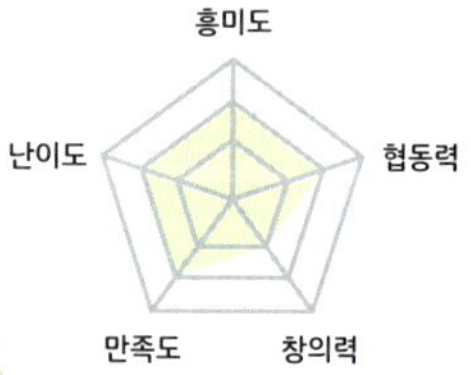

아이와 함께 놀이 준비!

☆ 종이에 숫자 1부터 9까지 원하는 위치에 자유롭게 적어 주세요.

아이와 함께 놀이 시작!

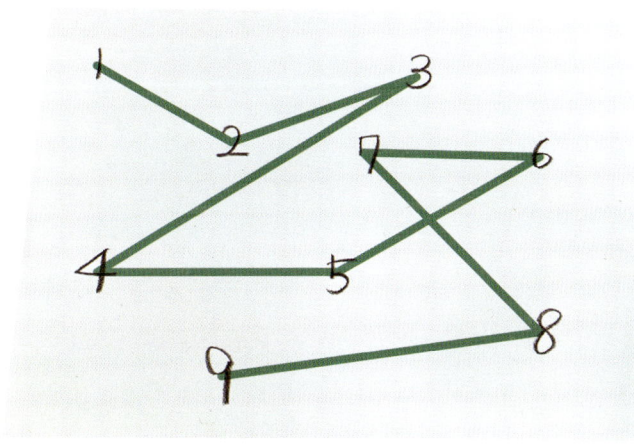

1. 아이가 색연필을 사용해 1부터 9까지 순서대로 이어요.

2. 이번에는 아이와 역할을 바꾸어 아이가 숫자를 적게 하고 엄마가 순서대로 이어요.

이종대왕이 알려주는 꿀팁!

★ 상대방이 만든 숫자 미로 빨리 통과하기로 놀이를 바꿀 수 있어요.
1부터 9까지 색연필로 연결하는 시간을 재서 더 적게 시간이 걸리는 사람이 이기는 놀이예요.

이마로 눌러 높은 숫자를 만들어~

계산기로 간단하게 즐기는
큰 수 만들기 놀이

야호~ 숫자가 이렇게 많이 나왔어요!

준비물
계산기 1개, 종이, 펜 

놀이에 적당한 시간 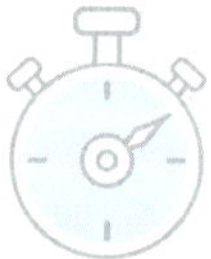
5분 내외

성취 도표
흥미도, 협동력, 창의력, 만족도, 난이도

아이와 함께 놀이 준비!

1. 계산기를 바닥에 놓아요.
2. 이마나 정수리를 사용해서 계산기를 누르고 숫자가 나오는 걸 아이에게 보여 줘요.

아이와 함께 놀이 시작!

1. 바닥에 놓인 계산기를 이마 또는 정수리를 사용해서 눌러요. (3초 이내)
2. 계산기에 나온 숫자를 종이에 적어 놔요.
3. 엄마와 아이 모두 했다면, 누구의 숫자가 높은지 확인해요.

이종대왕이 알려주는 꿀팁!

★ 숫자를 비교할 때는 아이의 수준에 맞게 더 긴 숫자가 큰 숫자라고 설명해 주세요. 만약 길이가 같다면 9가 가장 큰 수임을 알려 주세요.

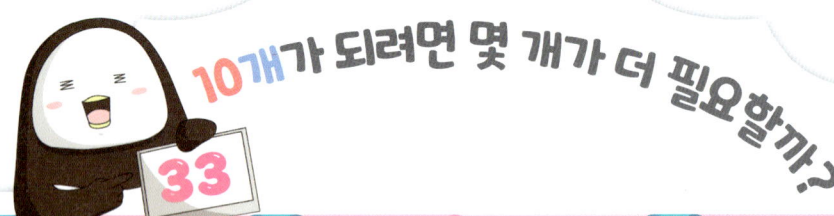

계란판과 바둑돌로 '10 모으기' 놀이

하나 둘 셋 넷 다섯 여섯!

여섯 개를 더 넣었어요.

준비물

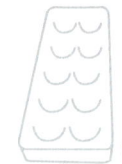

10구 계란판, 검정 바둑돌 10개, 하양 바둑돌 10개

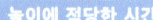

놀이에 적당한 시간

15분 내외

성취 도표

아이와 함께 놀이 준비!

☆ 아이와 의논하여 검정색과 하얀색 바둑돌 중 각각 고릅니다.

 예 엄마는 검정 바둑돌, 아이는 하양 바둑돌

아이와 함께 놀이 시작!

1 엄마가 먼저 10구 계란판에 검정 바둑돌 6개를 한 칸에 한 개씩 넣어요.
(바둑돌의 개수는 1~9 사이에서 정해요.)

2 아이에게 계란판 10칸이 다 차려면 바둑돌이 얼마나 더 필요할지 질문해요.

3 아이는 하얀색 바둑돌을 남은 칸에 한 개씩 넣으며 숫자를 세요.
"네 개를 더 넣었어요."

4 엄마와 아이가 순서를 바꾸어 진행해요.

💬 계란판을 다 채우려면 바둑돌이 몇 개 더 필요할까? 우리 같이 해 보자.

이종대왕이 알려주는 꿀팁!

★ 바둑돌을 넣을 때 아이가 숫자를 셀 수 있도록 도와주세요.
★ 이 놀이를 통해 자연스럽게 10 모으기를 경험하고, 10의 보수 개념을 이미지화하여 익힐 수 있어요.

10개에서 내 것을 빼면 몇 개가 남을까?

계란판과 바둑돌로 '10 가르기' 놀이

"이겼다! 이번엔 내가 한 개 더~"

준비물
10구 계란판 2개, 바둑돌 10개

놀이에 적당한 시간
15분 내외

성취 도표

- 흥미도
- 협동력
- 창의력
- 만족도
- 난이도

아이와 함께 놀이 준비!

1 10구 계란판은 각각 1개씩 가져요.

2 바둑돌 10개는 가운데에 놓아요.

아이와 함께 놀이 시작!

1 가위바위보를 해요.

2 가위바위보에서 이긴 사람이 바둑돌 1개를 자신의 계란판에 놓아요.

3 같은 방식으로 가위바위보를 10번 진행해요.

4 가운데에 남는 바둑돌이 없어지면, 각자 계란판에 바둑돌이 몇 개 있는지 세어 봐요.

이종대왕이 알려주는 꿀팁!

★ 이 놀이를 통해 10 가르기 개념을 자연스럽게 익힐 수 있어요.

색종이 칠교로 여러 모양을 만들자~ 35

엄마! 이건 공주표 거울이예요~

창의력과 집중력을 기르는 색종이 칠교 놀이

준비물
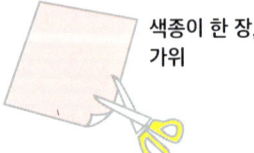
색종이 한 장, 가위

놀이에 적당한 시간

칠교 만들기 **10**분
모양 만들기 **15**분

성취 도표
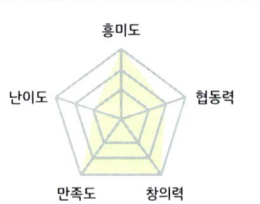

아이와 함께 놀이  색종이 한 장을 접고 오려 칠교판을 만들어요.

① 세모로 접었다 펴고 접힌 선 자르기

② 한 쪽 세모를 가로로 접고 접힌 선 자르기

③ 뾰족한 점이 선에 닿도록 접고 자르기

④ 가운데 모양도 반으로 접고 오리기

⑤ 끝부분을 세모로 접기

⑥ 세모 모양 오리기

⑦ 세모로 접기

⑧ 세모 모양 오려서 완성!

★ 243쪽에 칠교 도안이 있어요!

아이와 함께 놀이  칠교판을 이용해 여러 가지 모양을 만들어 봐요.

강아지

나무

이종대왕이 알려주는 꿀팁!

★ 예시 모양에 익숙해지면 칠교판을 하나 더 준비하여 엄마가 만든 모양을 아이가 따라서 만들어 봐요.

종이컵 속으로 물건을 던져 골인~

36

공간지각능력을 기르는 종이컵 농구 놀이

골~인~ 이제 이 컵은 내 께!

준비물: 종이컵 10개, 탱탱볼(또는 신문지공, 탁구공, 동전 등 종이컵에 들어갈 수 있는 작은 물건)

놀이에 적당한 시간: 20분 내외

성취 도표: 흥미도, 협동력, 창의력, 만족도, 난이도

아이와 함께 놀이 준비!

1. 종이컵에 번호를 1부터 10까지 적어요.
2. 번호를 적은 종이컵을 여기 저기 놓아요.
3. 공을 던질 출발선을 정해요.

아이와 함께 놀이 시작!

1. 한 명이 먼저 공을 1번 종이컵을 향해 던져요.
2. 만약 실패하면 다음 사람에게 기회가 가요.
3. 1번 종이컵에 골인시키면 그 종이컵은 골인시킨 사람이 가져요.
4. 이제 2번 종이컵에 도전해요.
5. 이렇게 번호 순서대로 종이컵을 향해 공을 던지고 골인시켰을 경우 그 종이컵을 가져요.
6. 10번까지 활동이 끝난 뒤 획득한 종이컵에 적힌 숫자를 더해 최종 점수를 내요.

이종대왕이 알려주는 꿀팁!

★ 1~5번은 가까운 곳에, 6~10번은 조금 멀리 놓아요.
★ 종이컵뿐만 아니라 다양한 공이 들어갈 수 있는 도구, 예를 들어 바구니나 상자 등을 놓아도 좋아요. 이때 도구가 클수록 높은 번호를 부여해요.

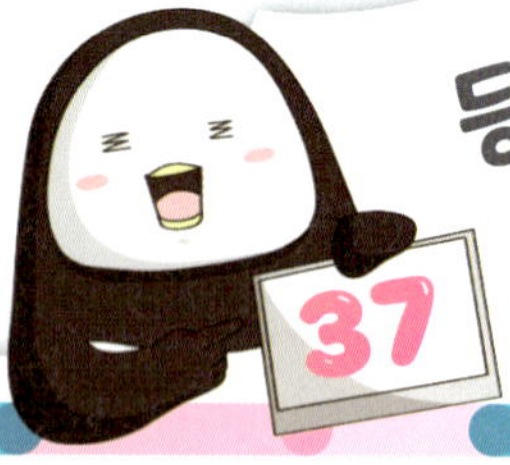
37

등에 쓴 숫자를 맞혀 봐~

연필 없이 손가락으로 숫자 쓰고 맞히기 놀이

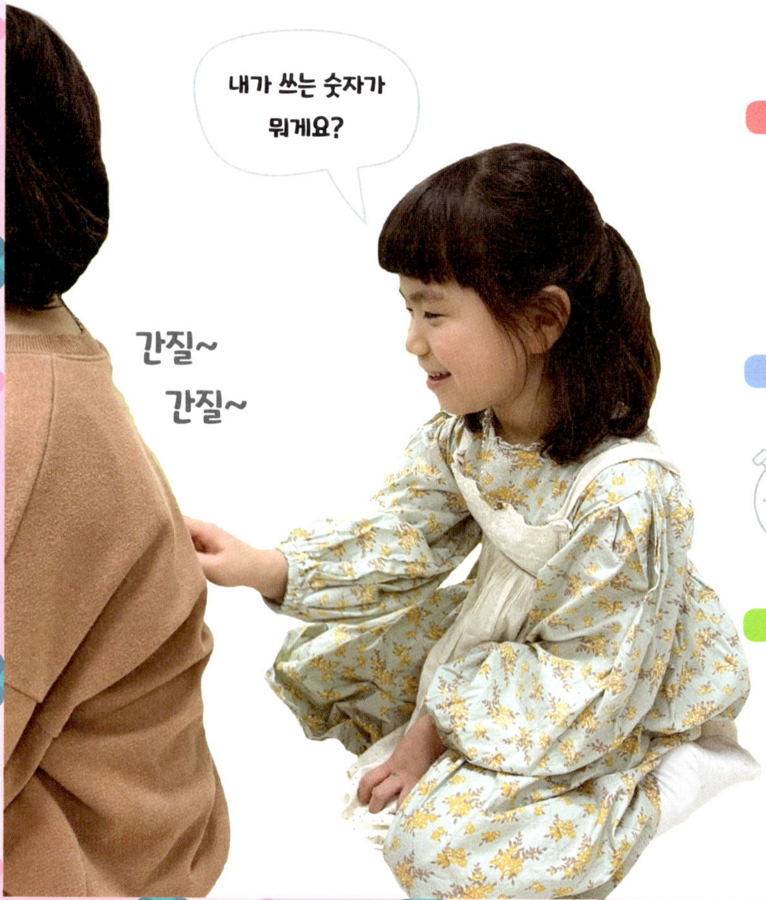
내가 쓰는 숫자가
뭐게요?
간질~
간질~

준비물

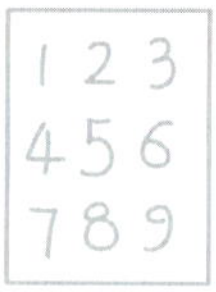
1 2 3
4 5 6
7 8 9

1~9까지 숫자판

놀이에 적당한 시간

5분 내외

성취 도표

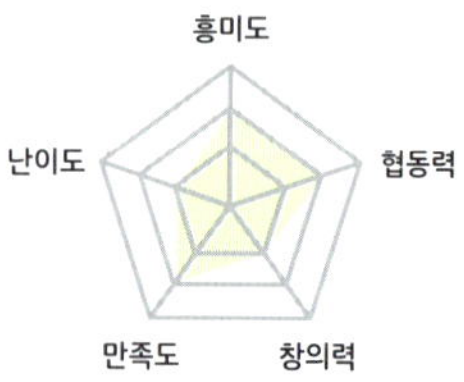
흥미도
협동력
창의력
만족도
난이도

아이와 함께 놀이 준비!

☆ 숫자판을 옆에 두고 놀이를 진행하면 도움을 받을 수 있어요.

★ 245쪽에 숫자판이 있어요!

아이와 함께 놀이 시작!

1. 아이의 등에 숫자를 적어 줘요.
2. 아이는 등에 적혀진 숫자가 무엇인지 숫자판을 가리키거나 말로 이야기해요.
3. 역할을 바꿔서 아이가 숫자를 적고 어른이 맞혀요.

이종대왕이 알려주는 꿀팁!

★ 아이가 숫자에 익숙하지 않다면 숫자판을 이용해 숫자를 따라 그릴 수 있도록 도와주세요.

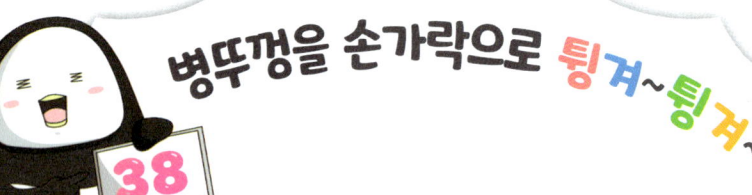

병뚜껑을 손가락으로 팅겨~팅겨~ 38

병뚜껑으로 간단하게 즐기는 컬링 놀이

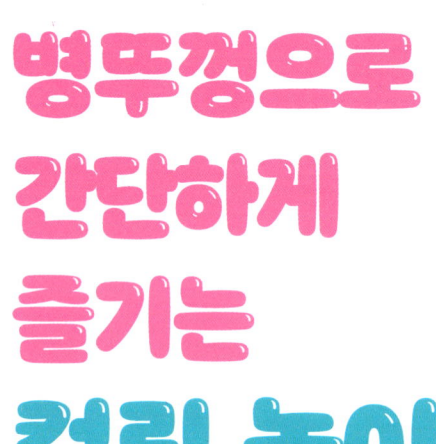

이번엔 3점 칸으로 가즈아~!!

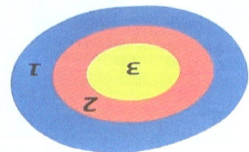

준비물	놀이에 적당한 시간	성취 도표
A4종이, 펜, 병뚜껑	놀이 준비 5분 놀이 활동 15분	흥미도, 협동력, 창의력, 만족도, 난이도

아이와 함께 놀이 준비!

1. A4종이에 크기가 다른 동그라미 3개를 그려 컬링판을 만들어요.
2. 가장 작은 동그라미부터 순서대로 3, 2, 1점을 적어요.
3. 병뚜껑을 날릴 출발점을 표시해요.
   ★ 247쪽에 컬링판이 있어요!

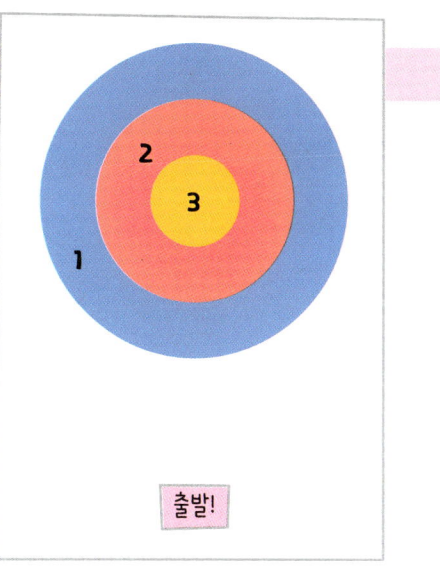

아이와 함께 놀이 시작!

1. 병뚜껑과 컬링판을 바닥에 놓고 병뚜껑을 손가락으로 튕겨요.
2. 병뚜껑이 도착한 칸의 점수를 확인해요.
3. 아이와 번갈아 가며 병뚜껑을 튕기고 총 점수를 계산해요.

이종대왕이 알려주는 꿀팁!

★ A4종이에 가로로 선을 그어 컬링판을 만들 수 있어요.

| 4점 |
| 3점 |
| 2점 |
| 1점 |

출발!

세모도 만들고 네모도 만들어~

39

네모 먼저 만들었고요. 다음엔 ...

준비물
이쑤시개 20개 내외, A4종이

놀이에 적당한 시간
10분 내외

성취 도표
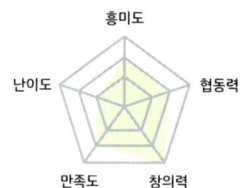

이쑤시개로 여러 가지 도형 만들기 놀이

아이와 함께 놀이 준비!

1 A4종이 위에 20개 정도의 이쑤시개를 준비해요.

2 A4종이 위에 이쑤시개로 만든 도형을 보여 주세요.

예 세모, 마름모, 깃발 모양 등

아이와 함께 놀이 시작!

1 보여 준 도형을 보고 아이도 따라서 만들어요.

2 아이가 직접 만들고 싶어 하는 도형을 만들어요.

이종대왕이 알려주는 꿀팁!

★ 종이에 그림을 먼저 그리고, 그 위에 이쑤시개를 놓을 수 있어요.

쉿! 눈을 감고 10초를 세어 봐~

40

조용히 집중하게 되는
마음 시계 놀이

1초 2초 3초 4초 …

준비물

초침이 들리는 시계, 타이머

놀이에 적당한 시간

10분 내외

성취 도표(원고 누락)

아이와 함께 놀이 　준비!

1. 아이에게 초침이 지나는 소리를 들려 줘요.
2. 1초가 지날 때마다 같이 박수를 치며 감각을 익혀 봐요.

아이와 함께 놀이 　시작!

1. 타이머로 10초가 지나면 알람이 울리게 설정해요.
2. 서로 손을 잡고 마주 본 상태에서 눈을 감아요.
3. "시작"을 외치며 타이머를 켜고 함께 마음속으로 10초를 세어요.
4. 1초가 지났음을 서로 마주 잡은 손에 힘을 주며 표현해요.
5. 10초가 되었다고 느꼈을 때 만세를 하며 눈을 떠요.
6. 실제 몇 초가 흘렀는지 확인 후 다시 도전해 봐요.

이종대왕이 알려주는 꿀팁!

★ 10초에 성공하면 조금씩 시간을 늘려서 도전해 봐요.
★ 두 손을 잡지 않고 개인전으로 도전해 봐요.

손가락으로 적을 공격하라~ 41

놀면서 자연스럽게 수 개념이 생기는 젓가락 놀이

공격 성공! 손가락 두 개 더~

사전 준비

젓가락 게임 이해하기

놀이에 적당한 시간

20분 내외

성취 도표

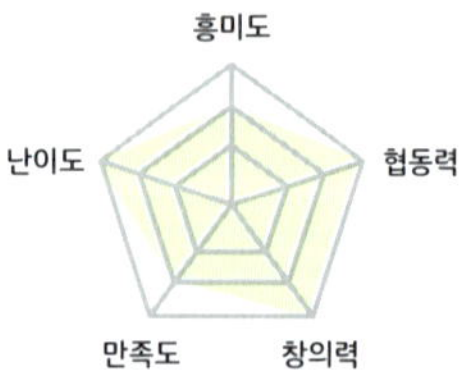

- 흥미도
- 협동력
- 창의력
- 만족도
- 난이도

아이와 함께 놀이 준비!

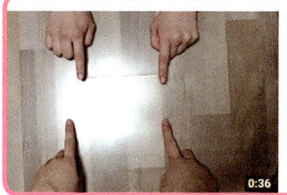

1. 서로 마주 보고 앉아요.
2. 유튜브에서 '젓가락게임'을 검색하여 상단 1~2번째의 영상을 시청한 후 놀이를 해요.

아이와 함께 놀이 시작!

1. 두 사람이 양손의 검지만 편 상태로 마주 보고 앉아요.

2. 가위바위보로 순서를 정해요. 이긴 사람이 공격을 해요.

3. 펴고 있는 손가락으로 상대방의 편 손가락을 살짝 치는 것이 공격이에요. 공격을 받은 사람은 공격한 사람이 펼쳤던 손가락의 수만큼을 더하여 손가락을 펴야 해요. 이때 한 손에 펼쳐진 손가락이 5개가 되면 그 손은 더 이상 놀이에서 사용하지 못해요.

4. 방어는 펼쳐져 있는 손가락으로 자신의 다른 손을 살짝 쳐서 원하는 수만큼의 손가락을 다른 손으로 옮길 수 있어요. 상대방의 공격으로 사용할 수 없게 된 손에 다른 손의 편 손가락을 옮길 수 있어요.

5. 공격과 방어를 적절하게 하여 상대방의 양손을 모두 사용하지 못하도록 한 사람이 이기는 놀이예요.

이종대왕이 알려주는 꿀팁!

★ 놀이의 방법을 글로 읽거나, 말로 들어도 잘 이해하지 못하면 직접 시범을 보여 주거나 영상을 꼭 보여 주도록 합니다.

★ 상대방의 양손을 모두 사용하지 못하도록 하는 전략을 생각해 보며 할 수 있도록 유도합니다.

· 4장 · 가장 쉬운 아이 중심

집중력 놀이 15

아이들은 "집중해!"라고 말한다고 해서 집중하지 않습니다. 자신이 마음으로 집중하고 싶고, 집중할 수 있도록 몸도 함께 일체가 될 때 효과적으로 집중을 할 수 있습니다. **신나는 놀이야말로 집중력을 키우는 최고의 방법**입니다.

집중력 놀이는 또래 친구나 부모님과 함께 하게 되는데, 아이는 이를 통해 **정서적, 인지적으로 연대감**이 높아질 수 있습니다. 또한 이런 놀이를 여유 시간에 아이와 함께 한다면 **아이와의 친밀감**이 생기고 소속감, 연대감을 높일 수 있습니다. 중요한 것은 놀이를 하며 집중하는 것이 스스로에게 큰 도움이 됨을 느끼고 타인이 집중하는 아이의 모습을 긍정적으로 칭찬하는 경험을 하면 아이는 **자신감**이 생기게 된다는 것입니다. 아이와 함께 신나게 놀이를 하면서 맘껏 칭찬해 주세요.

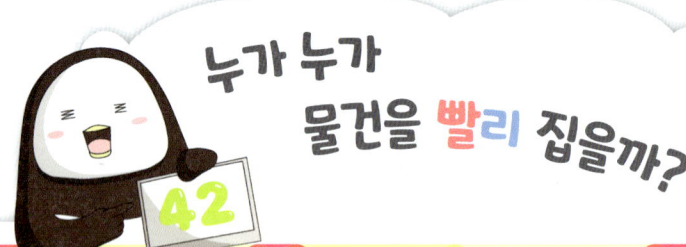

누가 누가 물건을 **빨리** 집을까?

집중력과 순발력을 기르는
물건 집기 놀이

헤헷! 귀다~

준비물	놀이에 적당한 시간	성취 도표
 인형, 필통 등 집어 들기에 좋은 물건	 **5**분 내외	

아이와 함께 놀이 준비!

1. 최소 두 명이 마주 보고 서 있어요. 형제자매도 좋고 부모와 아이여도 돼요.
2. 두 사람 사이에 매트를 놓고, 그 위에 물건을 놓아요.
   예 종이컵, 작은 인형, 필통, 안경집 등

아이와 함께 놀이 시작!

1. 엄마나 아빠는 몸의 명칭을 외쳐요.
   예 머리! 눈! 어깨! 팔꿈치!
2. 아이는 엄마나 아빠가 몸의 명칭을 외칠 때, 해당 부위에 두 손을 가져가요.

3. 엄마나 아빠가 몸의 명칭을 말할 때 "집어!"라고 외치면 가운데 놓은 물건을 집는 사람이 승리해요.
4. 이때 엄마나 아빠는 '집어!' 대신에 '집중!', '자!', '집으랑께', '집에 가!' 등으로 페이크(순간 속이는 말)를 줘서 아이들이 순간 멈칫하다가 집는 동작을 유도해요.

이종대왕이 알려주는 꿀팁!

★ 이 활동은 어른이 키가 커서 더 불리하기 때문에 엄마 vs. 아이, 아빠 vs. 아이로 하면 아이는 물론이고 어른도 재미있어요.
★ 유튜브에 '집에서 집어'를 검색하면 활동 장면을 참고할 수 있어요.

하늘에서 휴지가 떨어져~ 서둘러~

휴지가 바닥에 닿기 전에
물건 집기 놀이

휴지가 떨어지기 전에
집어야 하는데...

준비물
휴지 1칸, 여러 가지 집을 수 있는 물건

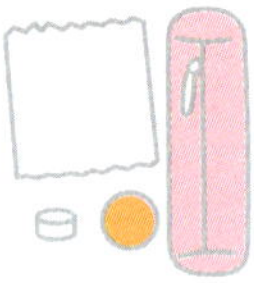

놀이에 적당한 시간
5분 내외

성취 도표
흥미도, 협동력, 창의력, 만족도, 난이도

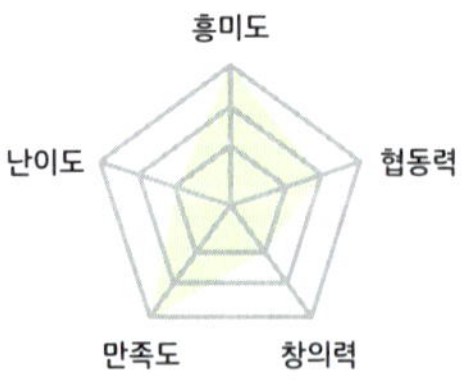

아이와 함께 놀이 준비!

1. 두루마리 휴지를 한 칸 뜯어 와요.
2. 보통 2~3겹으로 된 휴지를 한 겹으로 뜯어요.
3. 인형, 종이컵, 봉지, 풍선, 수건 등 쉽게 잡을 수 있는 물건을 여러 개 준비해요.

아이와 함께 놀이 시작!

1. 쉽게 잡을 수 있는 물건 여러 개를 바닥에 놓아요.
2. 휴지를 높게 던지면서 바닥에 있는 물건 중 한 개를 크게 말해 줘요.
3. 아이는 휴지가 바닥에 닿기 전에 해당 물건을 집어요.

딱풀!

4. 역할을 바꿔서 계속 진행해요.

이종대왕이 알려주는 꿀팁!

★ 손이 다칠 수 있는 뾰족한 물건은 피해요.
★ 물건의 이름 대신 색깔을 외치고 그 색깔에 해당하는 물건을 집는 식으로 응용할 수 있어요.

머리 위에 손, 손 위에 머리~

좌뇌, 우뇌를 발달시키는 간단한 동작 놀이

머리 위에 손!

사전 준비

들은 대로 동작하는 모습 보여 주기

놀이에 적당한 시간

5분 내외

성취 도표

아이와 함께 놀이 준비!

☆ 아이에게 귀를 기울여서 집중해야 하는 놀이라고 이야기해 주세요.

아이와 함께 놀이 시작!

1 "머리 위에 손"을 말해 주면 아이는 머리 위에 손을 올려요. "손 위에 머리"를 하면 손을 머리 밑으로 내려요.

2 아래 예시를 아이에게 읽어 주고, 아이가 집중력을 발휘하여 적절한 동작을 하도록 해 줘요.

> 예) 머리 위에 손, 손 위에 머리, 머리 옆에 손, 머리 아래 손, 손 위에 머리, 발 밑에 손, 머리 위에 손, 발 위에 손, 발 밑에 손, 머리 위에 손, 머리 옆에 손, 허리 옆에 손, 어깨 위에 손, 손 아래 머리, 잘했어요!

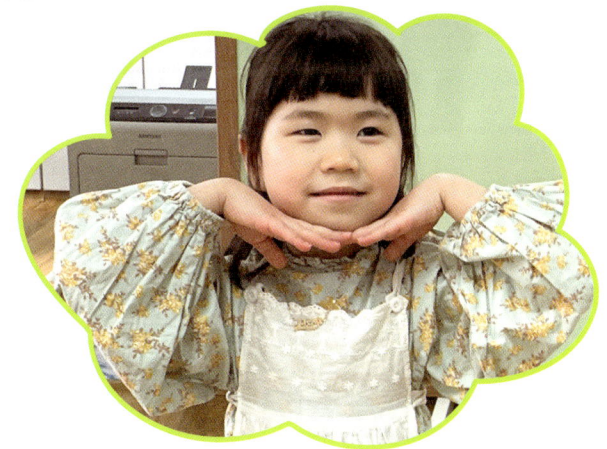

이종대왕이 알려주는 꿀팁!

★ 처음에는 천천히 읽어 주다가 점점 속도를 빠르게 하여 아이가 집중할 수 있게 해 주세요.
★ 아이가 놀이에 익숙해지면 엄마와 아이가 역할을 바꾸어 진행할 수 있어요.

나는야~ **순발력** 대왕! 45

등을 맞대고 서 있다가 물건 집기 놀이

"내가 먼저 집을 거야~"

준비물	놀이에 적당한 시간	성취 도표
 인형, 필통 등 집어 들기에 좋은 물건	 **5**분 내외	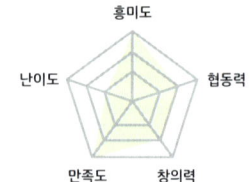

아이와 함께 놀이 준비!

1. 가운데에 인형이나 풀 등을 놓아요.
2. 등을 붙이고 서로 뒤돌아 서요.

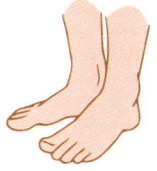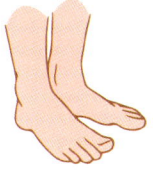

아이와 함께 놀이 시작!

1. "하나, 둘, 셋!"과 동시에 바닥의 인형을 집어요.
2. 먼저 인형을 집으면 승리!

이종대왕이 알려주는 꿀팁!

★ "하나, 둘, 셋" 구령은 아이가 외치면 좀 더 아이 쪽이 유리하게 할 수 있어요.
★ 가끔 시작과 동시에 엉덩이를 톡 밀면 재미있어요.

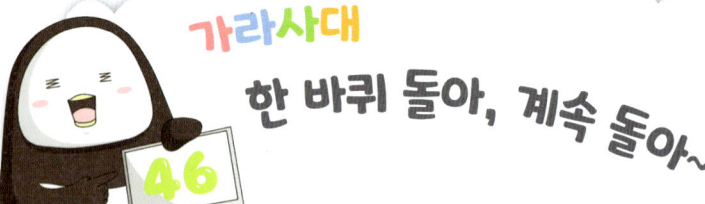

가라사대
한 바퀴 돌아, 계속 돌아~

46

집중력과 경청 능력을 기르는 가라사대 놀이

가라사대 일어서!

사전 준비

"가라사대"라는 말의 뜻과 활용 알려 주기

놀이에 적당한 시간

5분 내외

성취 도표

아이와 함께 놀이 준비!

1 집중력을 발휘하여 상대방(어른)의 말에 집중해야 하는 놀이라는 것을 알려줘요.

2 "가라사대"라는 말의 뜻과 활용을 이해시켜 줘요.

아이와 함께 놀이 시작!

1 "가라사대"로 말했을 때만 행동을 하고, "가라사대"가 없을 때는 행동하지 않아요.

2 옆의 문장들을 활용해 보세요.
★ 밑줄 그은 부분은 아이들이 잘 틀리는 부분이에요.

"엄마가 '가라사대!'라고 말을 하면 그 행동을 해야 하고, '가라사대!'라고 하지 않을 때 행동하면 틀리는 거야. '자~ 일어서!' 이때는 일어서면 틀리는 거야. '가라사대 일어서!' 이때는 일어서면 되는 거야. 이해했니?"

"가라사대 두 손 들어, 가라사대 두 손 내리세요, 가라사대 두 손 반짝반짝, 이제 그만! 손 내려요! 가라사대 손 내리세요. 가라사대 박수 한 번 시작!, 박수 세 번!, 가라사대 점프 한 번! 점프 두 번!, 가라사대 손 머리, 손 내리세요, 가라사대 손 내리세요. 가라사대 양 손 흔들어요. 더 빠르게! 가라사대 한 바퀴 돌아, 계속 돌아, 가라사대 계속 돌아, 가라사대 그만! 재밌으면 손 하트!"

이종대왕이 알려주는 꿀팁!

★ 처음에는 천천히 말하다가 점차 속도를 빠르게 읽어 주세요.
★ 예시 외에도 앉기, 일어나기, 주먹 쥐기, 춤추기, 화장실 다녀오기 등 다양한 명령어를 사용하여 재미있게 놀 수 있어요.

앗! **빨간불**이야! 멈춰~

놀이도 하고 안전교육도 하는 신호등 놀이

초록불!

사전 준비

신호등의
'초록불', '빨간불',
'노란불' 규칙
알려 주기

놀이에 적당한 시간

5분 내외

성취 도표

아이와 함께 놀이 준비!

☆ '초록불'은 걷기,
'빨간불'은 멈추기,
'노란불'은 뒤로 걷기로
아이와 약속해요.

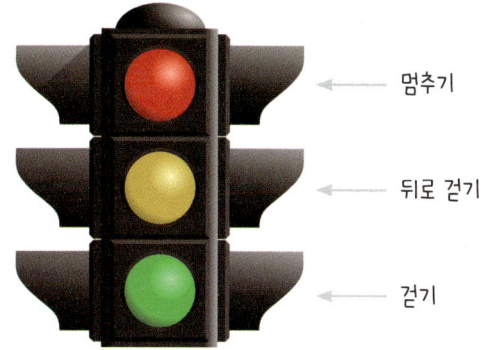

← 멈추기

← 뒤로 걷기

← 걷기

아이와 함께 놀이 시작!

1 "초록불!"이라고 외치면 아이는 천천히 걸어 다녀요.

2 "빨간불!"이라고 외치면 아이는 걸음을 멈춰요.

3 "노란불!"이라고 외치면 아이는 뒤로 걸어요.

4 신호를 섞어 가며 명령하면 점점 헷갈려요.

이종대왕이 알려주는 꿀팁!

★ 같은 신호를 연달아 했을 때 특히 헷갈려요. 예를 들어 아이가 멈춰 있을 때 "빨간불!"을 외치면 발이 앞으로 나가며 균형을 잃게 돼요.

★ 가끔 신호와 비슷한 말로 속여도 재미있어요. 예를 들면 "빨간불!" 대신 "빨리요!"라든지 "노란불!" 대신에 "놀이터!"와 같은 말을 섞어 하면 아이들은 배꼽을 잡고 웃는답니다.

나는야~ 따라쟁이!

48

집중력과 기억력을 기르는
따라쟁이 놀이

잘 보고 따라 해야지~

사전 준비

여러 가지 동작 생각해 놓기

놀이에 적당한 시간

10분 내외

성취 도표

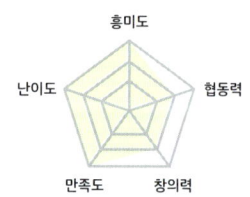

아이와 함께 놀이 준비!

1. 아이와 놀이 전 박수 치기, 위로 손을 뻗기, 팔짱 끼기, 양어깨를 손으로 톡톡 치기 등 여러 가지 동작을 생각해 놓아요.
2. 서로 마주보고 앉아요.

아이와 함께 놀이 시작!

1. 시작하면 부모가 먼저 한 가지 동작을 4번 반복해요.
   예 박수 4번 치기
2. 아이는 첫 동작을 기억하며 보고 있어요.
3. 부모가 두 번째 동작을 시작할 때 아이는 첫 번째 동작을 시작해요.
   예 부모가 첫 번째 동작으로 박수를 4번 치고 두 번째 동작을 시작할 때 아이는 첫 번째 동작이었던 박수 치기를 시작해요.
4. 부모가 세 번째 동작을 할 때 아이는 두 번째 동작을 하는 식으로 동작을 뒤따라오는 놀이예요.

이종대왕이 알려주는 꿀팁!

★ 처음에는 아이가 쉽게 따라올 수 있도록 천천히 박자를 세고, 아이가 익숙해지면 점점 박자를 빠르게 세요.

★ 유튜브에서 '이종대왕 따라쟁이'라고 검색하면 볼 수 있어요.

섬은 뒤로~
바다는 옆으로~
49

쉬워 보이지만 어른도 잘 속는
섬바다 놀이

나는 바다로 간다~

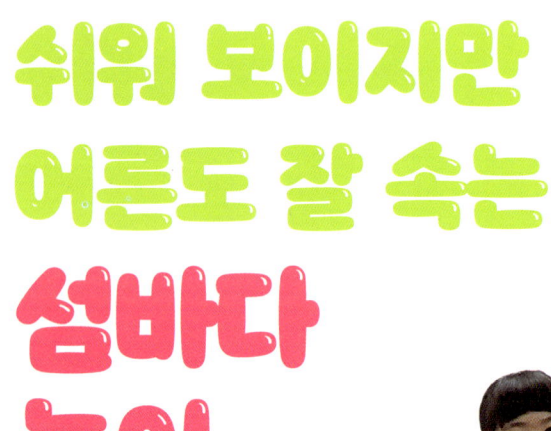

준비물

의자 또는 테이블 등 기준이 될 수 있는 물건

놀이에 적당한 시간

10분 내외

성취 도표

흥미도
난이도　협동력
만족도　창의력

아이와 함께 놀이 준비!

1 의자나 테이블 뒤에 아이를 세워요.

2 의자 뒤는 '섬'으로 정하고 의자에서 한 걸음 옆은 '바다'로 약속해요.

아이와 함께 놀이 시작!

1 아이가 의자 뒤에 서있는 상태에서 시작해요.

2 엄마나 아빠가 "바다!"라고 외치면 아이는 의자에서 한 걸음 옆으로 이동해요.

3 엄마나 아빠가 "섬!"이라고 외치면 아이는 다시 의자 뒤로 한 걸음 이동해요.

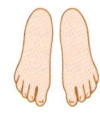

4 중간중간 "섬"을 말할 차례에서 "바다"를 말하거나 "바다"를 말할 차례에서 "섬"을 말하면 쉽게 균형을 잃거나 속게 되는 놀이예요.

이종대왕이 알려주는 꿀팁!

★ 아이가 익숙해지면 "하늘"을 추가해요. 하늘은 제자리 점프를 해요.
★ 유튜브에 '이종대왕 섬바다게임'을 검색하면 활동 장면을 볼 수 있어요.

알쏭달쏭! 어디가 바뀌었을까?

> 지금 아빠 모습을 잘 보고 기억해봐~

기억력과 집중력을 키우는 알아맞히기 놀이

사전 준비	놀이에 적당한 시간	성취 도표
사진을 보며 관찰한 내용 말해 보기	 **10분 내외**	

아이와 함께 놀이 준비!

1. 아이와 마주 보고 아이가 아빠나 엄마의 변신 전 모습을 1분간 관찰하고 기억하게 해요.
2. 1분 뒤 아빠나 엄마는 안방으로 들어가요.

아이와 함께 놀이 시작!

1. 안방에 들어간 아빠나 엄마는 원래와 다른 모습으로 변신해야 해요.
2. 상의나 하의를 갈아입거나 양말을 다른 걸 신거나 머리 스타일을 조금 바꿀 수도 있어요. 반지나 목걸이를 착용하거나 벗을 수도 있겠죠.
3. 다시 아이와 마주 보고 아이는 아빠나 엄마의 달라진 모습을 말해요.
4. 이번에는 아이가 변신하는 것으로 역할을 바꿔 봐요.

달라진 모습을 말해 봐!

이종대왕이 알려주는 꿀팁!

★ 원래 모습을 사진을 찍어 놓고 나중에 바뀐 모습과 비교하게 하면 더욱 재미있어요.
★ 옷을 바꾸는 것뿐 아니라 살짝 소매를 걷거나 단추를 푸는 등 조금만 바꿀 수도 있어요.

사과 냠냠! 책상 냠냠?

51

과일 이름일 때만 치는
냠냠 박수 놀이

책상!

에고 하마터면 박수 칠 뻔했네

사전 준비
과일과 과일이 아닌 것을 구분해서 알려 주기

놀이에 적당한 시간

10분 내외

성취 도표
- 흥미도
- 협동력
- 창의력
- 만족도
- 난이도

아이와 함께 놀이 준비!

1. 아이와 과일에는 무엇이 있는지 최대한 이야기를 나눠요.
2. 서로 마주 보고 앉아요.

아이와 함께 놀이 시작!

1. 엄마나 아빠가 "사과"와 같이 맛있는 과일 이름을 말하면 아이는 "냠냠" 하며 박수를 두 번 쳐요. 예를 들면 "수박" 하면 아이는 "냠냠" 하며 박수를 두 번 치고 "포도" 하면 아이는 역시 "냠냠" 하며 박수를 두 번 치는 식이에요.
2. 엄마나 아빠는 "사과", "딸기", "복숭아", "수박" 등의 과일을 생각해 놓으면 되겠죠?
3. 중간에 엄마나 아빠는 과일이 아닌 다른 물건을 이야기해요. 예를 들면 "책상", "의자", "핸드폰", "티비" 등을 이야기해요.
4. 과일 이름이 아닌 다른 물건의 이름이 나오면 박수를 치면 안 되며 손으로 X(엑스) 자를 그려요.
5. 엄마나 아빠의 말에 집중하며 과일 박수를 해 봐요.

이종대왕이 알려주는 꿀팁!

★ 과일 대신 음식 박수로 해도 되고 동물 박수로 이름을 바꾸고 "냠냠" 대신 동물의 울음소리를 내게 해도 재미있어요.
★ 처음에는 천천히 하고 익숙해지면 조금 빠르게 해 봐요.

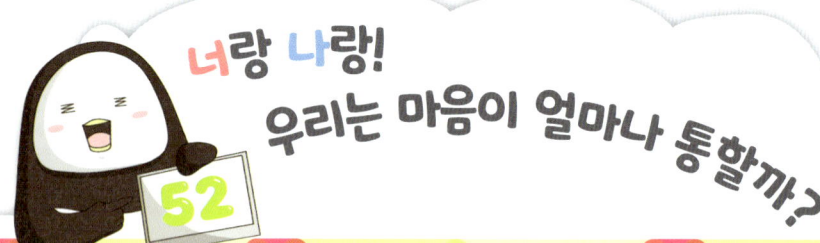

너랑 나랑! 우리는 마음이 얼마나 통할까?

52

마음을 확인하는 텔레파시 놀이

야호! 우리 통했다~

준비물

A4종이 2장, 색연필

놀이에 적당한 시간

5분 내외

성취 도표

아이와 함께 놀이 준비!

1 미리 둘 중 하나를 선택하기 위한 낱말 짝을 준비해요.
   예 (짜장면 vs. 짬뽕), (프라이드치킨 vs. 양념치킨), (사과 vs. 포도), (파란색 vs. 초록색), (햄버거 vs. 피자) 등

2 색연필도 한 개 준비해요.

아이와 함께 놀이 시작!

1 준비한 낱말 짝 중 한 가지를 아래 예시와 같이 말해요.
   예 "짜장면? 짬뽕? 하나, 둘, 셋!"

2 "하나, 둘, 셋!"과 함께 둘 중 마음에 드는 한 가지를 동시에 말해요.

3 만약 서로 같은 낱말을 말했을 경우 그 낱말에 동그라미를 쳐요.

4 준비한 낱말로 모두 활동하면 텔레파시가 통했던 동그라미 친 낱말들을 다시 확인해 봐요.

㊀짜장면	짬뽕
㊀프라이드치킨	양념치킨
사과	포도
파란색	초록색
햄버거	㊀피자

이종대왕이 알려주는 꿀팁!

★ 놀이에 익숙해지면, 아이가 직접 낱말 짝을 만들어 보게 해요.
   - 문제 예시 -
   치킨 대 피자, 짜장면 대 짬뽕, 놀이터 대 수영장, 유치원 대 학원, 미끄럼틀 대 그네, 동화책 대 만화책, 숟가락 대 젓가락, 바지 대 치마, 긴 머리 대 짧은 머리, 초코케이크 대 딸기케이크, 놀이공원 대 키즈카페 등 아이들은 단순한 주제에도 재미를 느껴요.

★ 둘이 하는 것이 적당하나 가족이 함께한 뒤 텔레파시가 통한 낱말들을 모아서 함께 먹거나 즐긴다면 특별한 날을 만들 수 있어요. 예를 들면 가족이 모두 좋아하는 음식이라면 음식데이를 만들어 특정한 날짜에 함께 즐기고 가족이 모두 좋아하는 장소라면 특정한 날짜에 함께 가는 것도 좋겠죠?

점점 얼굴이 알록달록~

이길 때마다 얼굴에 붙이는 스티커 놀이

"내가 이겼으니까 언니 이마에 스티커를 붙일 거야~"

준비물
스티커

놀이에 적당한 시간
10분 내외

성취 도표
흥미도 / 협동력 / 창의력 / 만족도 / 난이도

아이와 함께 놀이 준비!

1. 다양한 크기와 색깔의 스티커를 준비하고 똑같은 개수로 나누어요.
2. 각자 스티커를 들고 서로 마주 봐요.

아이와 함께 놀이 시작!

1. 시작하면 가위바위보(참참참)를 해요.
2. 이긴 사람이 진 사람 얼굴에 스티커를 한 개 붙여 줘요.

3. 같은 방법으로 반복하여 게임을 진행하며 둘 중 한 사람의 스티커가 다 없어지면 끝나요.

이종대왕이 알려주는 꿀팁!

★ 스티커는 동그란 모양이 좋으며 색깔은 다양한 것이 좋아요.
★ 스티커를 다 붙인 뒤 기념사진을 꼭 찍어 봐요.

휘익! 휘익!
청기 올려~ 백기 내려~

54

쉴 새 없이 두뇌를 쓰는
청기백기 놀이

청기 올려!

준비물

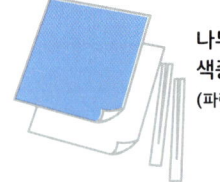

나무젓가락,
색종이
(파란색, 흰색)

놀이에 적당한 시간

10분 내외

성취 도표

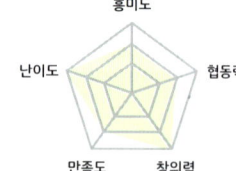

아이와 함께 놀이 준비!

1. 파란색 색종이와 흰색 색종이를 삼각형 모양으로 오려요.
2. 나무젓가락 윗부분에 테이프로 색종이를 붙여 깃발을 만들어요.

아이와 함께 놀이 시작!

1. 아이는 파란색 깃발과 흰색 깃발을 양손에 들어요.
2. 엄마나 아빠가 "청기 올려!"라고 하면 파란색 깃발을 올려요.
3. 엄마나 아빠가 "백기 올려!"라고 하면 흰색 깃발을 올려요.
4. 만약 "백기 내려!"라고 하면 흰색 깃발을 내리는 식으로 명령에 따라서 깃발을 올리고 내려요.

청기 올려! 　 백기 올려!

이종대왕이 알려주는 꿀팁!

★ "백기 올리지 말고 청기 내려!", "청기 백기 내리지 말고 청기 올려!"와 같은 식으로 명령을 섞어서 하면 헷갈리고 재미있어요.
★ 역할을 바꿔서 진행해요.

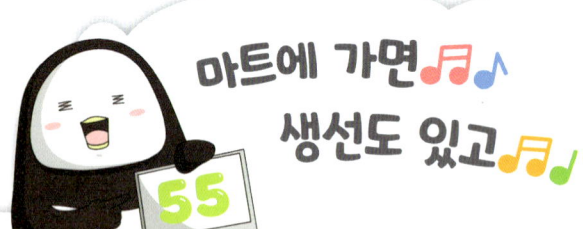

55

마트에 가면♬♪
생선도 있고♬♩

장소와 물건으로
번갈아 이어말하기 놀이

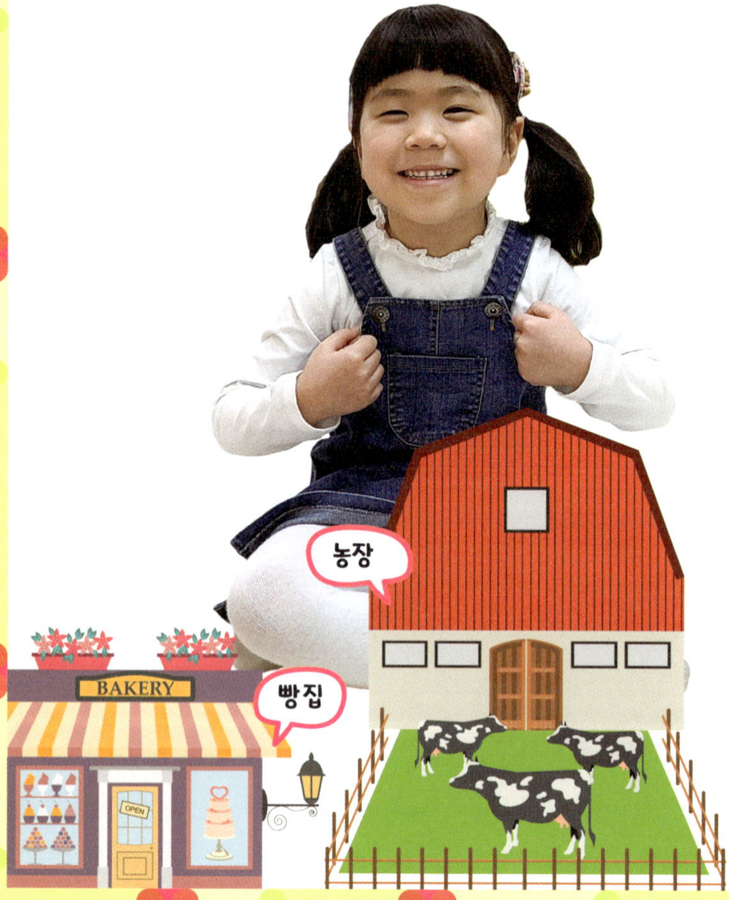
농장
빵집
BAKERY
OPEN

사전 준비

아이에게 친숙한
장소들을 다양하게
생각해 두기

놀이에 적당한 시간

10분 내외

성취 도표

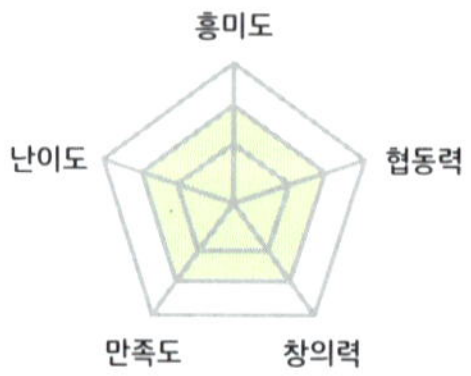
흥미도
협동력
창의력
만족도
난이도

아이와 함께 놀이 준비!

☆ 마트에 가면 어떤 물건들이 있는지 아이와 이야기를 나누어요.

아이와 함께 놀이 시작!

1 놀이는 "마트에 가면~"으로 시작해요.

2 아이에게 먼저 "마트에 가면 생선도 있고"라고 이야기해요.

3 아이도 마트에 가면 있는 것을 떠올려 문장을 처음부터 이어 갑니다.
   예 "마트에 가면 생선도 있고, 고기도 있고"

이종대왕이 알려주는 꿀팁!

★ 마트, 동물원, 놀이터, 어린이집, 학교 등 아이에게 친숙한 장소로 바꿔 가며 놀이를 할 수 있어요.

짝! 짝! 짝!
위아래로 짝~ 옆으로 짝~

호흡을 맞추며 협응력을 기르는 다른 박수 놀이

나는 위아래로!

나는 옆으로!

사전 준비
아이에게 친숙한 노래 생각해 두기

놀이에 적당한 시간
10분 내외

성취 도표
흥미도 / 난이도 / 협동력 / 만족도 / 창의력

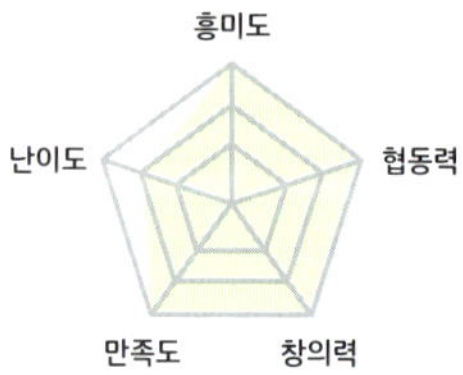

아이와 함께 놀이 준비!

1 둘이 마주 보고 앉아요.

2 한 명은 좌우로 팔을 크게 벌려 박수를 치고 한 명은 위아래로 팔을 크게 벌려 박수를 쳐요.

아이와 함께 놀이 시작!

1 서로 가까이 앉아 교대로 박수를 쳐요.

2 먼저 한 사람이 위아래로 팔을 크게 벌려 박수를 치면 다음 사람이 좌우로 팔을 크게 벌려 박수를 치고 다시 처음 사람이 위아래로 박수를 치는 식으로 교대로 박수를 치는 놀이예요.

3 익숙해지면 간단한 노래에 맞춰 박수를 쳐 봐요.

이종대왕이 알려주는 꿀팁!

★ 중간에 "바꿔!"라고 외치면 좌우로 치던 사람은 위아래로 치고, 위아래로 치던 사람은 좌우로 치기로 바꿀 수 있어요.

★ '퐁당퐁당'과 같은 적당한 빠르기의 노래에 맞춰 놀이해 봐요.

· 5장 · 가장 쉬운 아이 중심

창의성 놀이 16

우리 아이들은 지식보다 상상력이 더 중요한 시대에 살고 있습니다. **창의성 발달이 매우 중요한** 시대인 것이죠. 아이들은 놀이를 통해 다양하고 열린 사고를 하는 사람으로 성장할 수 있습니다.

이번 장에서 소개해 드리는 창의성 놀이는 아이가 **자신의 생각과 감정을 자유롭게 표현**하도록 도와줍니다. 아이들은 큰 꽃을 피우고 열매를 맺을 작은 씨앗을 품고 있습니다. 그 꿈틀거리는 씨앗이 싹을 틔우고 꽃을 피우도록 도와주는 것이 우리 어른들의 몫이지요. 그 길에 창의성 놀이가 좋은 수단이 될 것입니다.

아이들의 표현 욕구는 몸짓, 그림, 언어, 표정 등 다양한 방법으로 해소되어야 합니다. 창의성 놀이에서 아이는 **다양한 표현 방법을 경험**합니다. 물감을 아무렇게나 만지는 과정에서 시각과 촉각의 융합이 이루어지고, 종이를 마구 찢는 과정에서 새로운 발견이 일어납니다. 여러분을 새로운 발견과 상상의 세계로 인도하겠습니다.

미션! 개구리 꽃이 피었습니다~

토끼 꽃이 피었습니다~

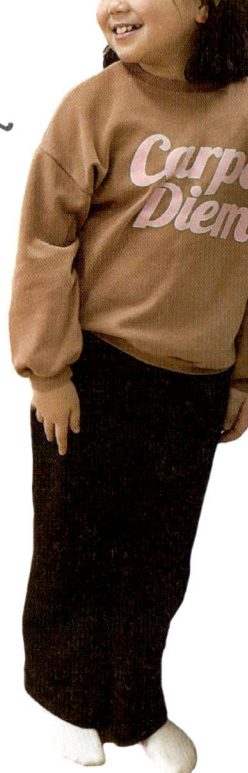

표현력을 길러 주는
미션 하고 술래 잡기 놀이

사전 준비	놀이에 적당한 시간	성취 도표
아이가 몸으로 표현할 수 있는 단어 생각해 두기	 15분 내외	

아이와 함께 놀이 준비!

1 아이가 몸으로 표현할 수 있는 단어를 미리 생각해요. 개구리나 뱀, 코끼리나 원숭이와 같은 낱말은 아이가 표현하기 쉽겠죠?

2 미리 아이에게 생각해 둔 낱말을 표현하게 하고 모르면 어떻게 표현하는지 알려 줘요.

3 집의 공간을 최대한 활용하여 술래(부모님)와 아이의 거리가 최대한 멀어지게 동선을 만들어 봐요.

토끼	원숭이	코끼리	뱀
자동차	비행기	나비	새
개구리	병아리	물고기	고양이
상어	꽃	거미	햄버거
안경	거북이	태권도	피아노

아이와 함께 놀이 시작!

1 술래가 뒤를 돌아 "무궁화꽃이 피었습니다."를 말하는 동안 아이는 슬금슬금 다가와요.

2 술래가 아이를 볼 땐 아이는 정지 동작으로 있어야 합니다. 만약 움직이면 다시 출발선으로 가요.

3 만약 술래가 "개구리꽃이 피었습니다."라고 말을 할 땐 아이는 개구리 동작을 해야 해요.

4 만약 미션이 올바르지 않을 때도 다시 출발선으로 가야 해요.

5 미션을 하며 술래 등을 터치하면 성공!

토끼 꽃이 피었습니다~

이종대왕이 알려주는 꿀팁!

★ 뛰는 경우도 반칙으로 약속해요.
★ 미션을 할 때는 술래가 보고 있어도 움직여도 돼요. 하지만 앞으로 움직이는 것은 반칙이에요.

얼굴은 동그랗고 눈은 반달 모양이야~

58

상상력을 키우는
설명 듣고 그림 그리기 놀이

머리는 구름처럼 몽글몽글~

준비물
A4종이, 연필 

놀이에 적당한 시간 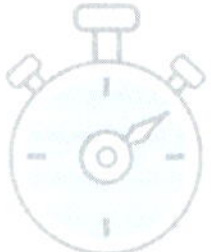
15분 내외

성취 도표
흥미도, 협동력, 창의력, 만족도, 난이도

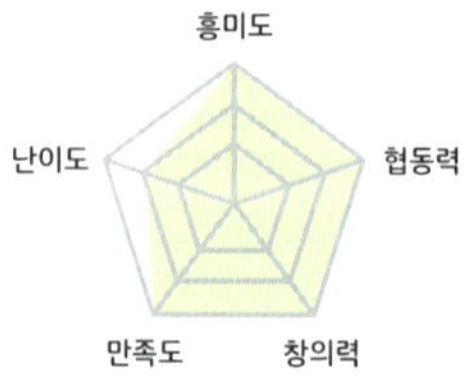

아이와 함께 놀이 준비!

1. A4종이 또는 스케치북과 연필을 준비해요.
2. 아이에게 말로 설명할 수 있는 그림 자료를 준비해요.
   예) 캐릭터, 토끼, 동물 이미지 등

아이와 함께 놀이 시작!

1. 아이에게 무엇을 그릴지 들려 주세요. 처음에는 동그라미, 세모, 네모, 하트와 같은 그리기 쉬운 모양으로 시작해요.

2. 익숙해지면 그림을 보면서 구체적인 내용을 덧붙여요.

   얼굴은 네모나고, 눈은 반달 모양이에요.
   코는 점처럼 작은 동그라미 모양이에요.
   입은 큰 세모 모양인데, 크게 웃고 있어요.
   머리는 구름처럼 복슬복슬해요.

3. 아이가 그림을 다 그리면 그림을 서로 비교해 보고 이야기 나누어요.

이종대왕이 알려주는 꿀팁!

★ 그리기 쉬운 모양부터 꽃, 캐릭터, 자동차 등의 간단한 사물로 확장하며 그릴 수 있어요.
★ 아이가 상상력을 발휘하여 자유롭게 그림을 그릴 수 있도록 해 주세요.
★ 아이가 설명하고, 어른이 그림을 그리는 방식으로도 진행할 수 있어요.

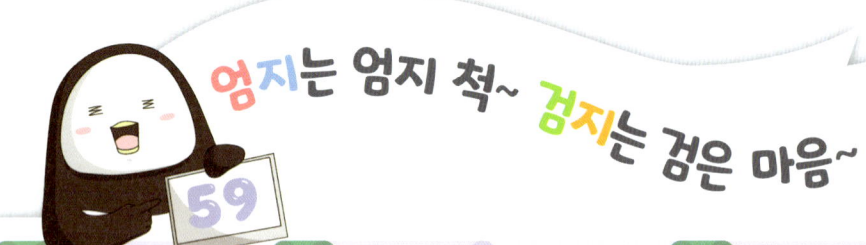

각각의 손가락에 의미를 담아 그림 그리기 놀이

엄지는 엄지 척~ 검지는 검은 마음~

59

제일 먼저 손가락 모양부터 그리고…

준비물
도화지, 연필(크레파스) 

놀이에 적당한 시간
30분 내외

성취 도표
흥미도 / 협동력 / 창의력 / 만족도 / 난이도

아이와 함께 놀이 준비!

1. 도화지에 손바닥을 쫙 펼쳐서 놓아요.
2. 연필이나 크레파스로 손바닥 바깥쪽을 따라 선을 그려요.

아이와 함께 놀이 시작!

1. 각 손가락의 의미를 알려 주고 그 의미에 맞게 각 손가락 안에 그림을 그려요.

2. 엄지는 '엄지 척!' 세상에서 내가 최고로 사랑하는 것을 그림으로 그려요.

3. 검지는 '검은 마음!' 내가 가장 무서워하는 것을 그림으로 그려요.

4. 중지는 '중요한 것!' 내가 가장 중요하게 생각하는 것을 그림으로 그려요.

5. 약지는 '약이 되는 것!' 먹으면 힘이 나는 음식을 그려요.

6. 새끼는 '약속!' 앞으로 가족과 지켜야 할 약속을 말해 봐요.

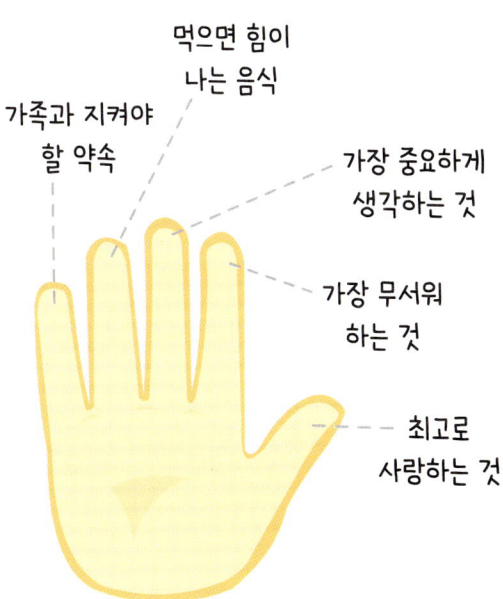

이종대왕이 알려주는 꿀팁!

★ 아이 손바닥이 작기 때문에 그림을 그릴 공간이 부족하면 포스트잇에 그림을 그리고 이것을 손가락에 붙여요.

★ 손바닥은 엄마 손도 함께 그려 같이 활동해요.

오리고 접고 구겨서 찍어~찍어~

다양한 무늬를 만드는 휴지심 촉감 놀이

60

"이번엔 파란색 물감으로 무늬를 만들어야지~"

준비물

종이, 휴지심 여러 개, 물감, 일회용 접시
(물감을 덜어 놓을 수 있는 크기)

놀이에 적당한 시간

놀이 준비 **5**분
놀이 활동 **15**분

성취 도표
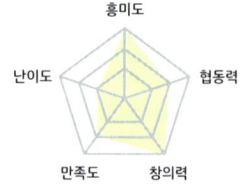
흥미도, 협동력, 창의력, 만족도, 난이도

아이와 함께 놀이 준비!

1. 물감을 일회용 접시나 두꺼운 종이에 미리 짜 놓아요.
2. 휴지심 여러 개를 준비해요.

아이와 함께 놀이 시작!

1. 휴지심을 다양하게 오리고 접거나 구겨서 모양을 만들어요.
2. 휴지심에 물감을 묻혀요.
3. 물감을 묻힌 휴지심을 종이에 찍어서 다양한 무늬를 만들어요.

이종대왕이 알려주는 꿀팁!

★ 휴지심을 오리고, 접고 구기는 과정에서 촉감 놀이를 해요.
★ 아이가 자유롭게 표현할 수 있도록 물감을 찍는 종이는 충분히 큰 것으로 준비해요.

도로를 만들고 공을 굴리자~

61

집중력과 감각능력을 기르는 공 굴리기 놀이

조심조심~ 살살살~
종이컵 속으로 들어가라~~

준비물
휴지심 2개, 탁구공(작은 공) 1개, 컵 1개 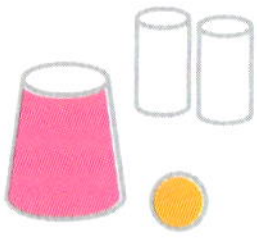

놀이에 적당한 시간 
10분 내외

성취 도표
흥미도, 협동력, 창의력, 만족도, 난이도

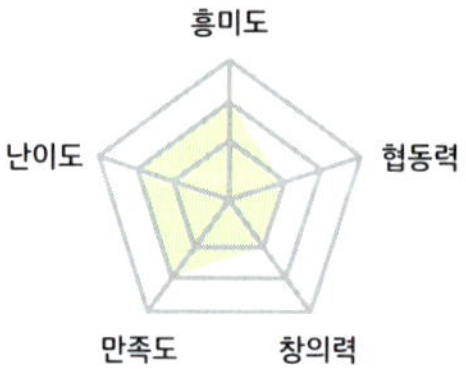

 **아이와 함께 놀이 준비!**

1. 휴지심 2개를 세로로 길게 반으로 잘라요. 총 4조각의 휴지심 조각이 생겨요.

2. 휴지심 조각 4개를 테이프로 길게 이어 붙여요. 도로가 완성되었어요.

3. 휴지심 도로 끝에 종이컵을 놓아요.

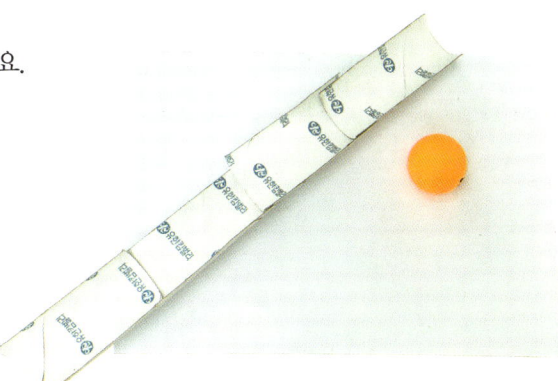

 **아이와 함께 놀이 시작!**

1. 휴지심 도로를 수평인 상태로 놓고 시작점에 공을 놓아요.

2. 휴지심 도로를 기울여서 공을 굴려요.

3. 공을 종이컵 안에 골인 시키면 성공!

★ 공이 균형을 잡지 못해 떨어지거나 컵 안에 골인시키는 것이 어렵다면, 작고 가벼운 공깃돌이나 지우개부터 시작해 보아요!

이종대왕이 알려주는 꿀팁!

★ 휴지심 도로, 공, 종이컵 세트를 한 개 더 만든 후 공 빨리 넣기 경기를 할 수 있어요.
★ 도로를 더 길게 만들 수 있어요.
★ 휴지심 도로를 만들 때 테이프를 같은 방향으로 붙여 주는 것이 좋아요.

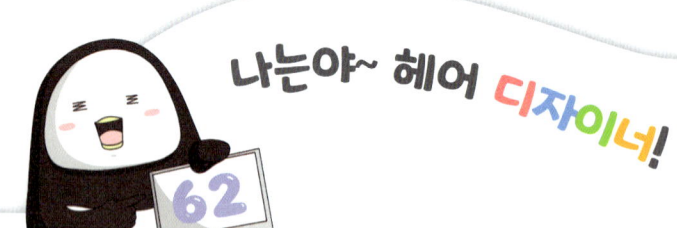

나는야~ 헤어 디자이너!
62

다양한 재료로 사자 갈기 꾸미기 놀이

나뭇잎으로 멋있는 사자 갈기 완성!

준비물

색종이, 낙엽 여러 개, 양면테이프, 채색 도구 등

놀이에 적당한 시간

놀이 준비 **15분**
놀이 활동 **15분**

성취 도표

아이와 함께 놀이  준비!

1 아이와 밖에 나가 낙엽, 나뭇잎, 꽃잎 등을 주워요. 크레파스, 색연필 등을 이용해 직접 그려서 오려도 좋아요.

2 종이에 사자 얼굴을 간단하게 그려 주세요.

★ 249, 251쪽에 나뭇잎들이 있어요!

아이와 함께 놀이  시작!

☆ 낙엽, 나뭇잎, 꽃잎 등을 붙여 사자의 갈기를 꾸며요.

이종대왕이 알려주는 꿀팁!

★ 자연물뿐만 아니라 집에서 쉽게 구할 수 있는 실이나 털실, 휴지, 솜 등을 이용할 수 있어요.
★ 만약 자연물을 구하기 어려운 상황이라면, 색종이에 나뭇잎을 그린 후 오려서 사용할 수 있어요.

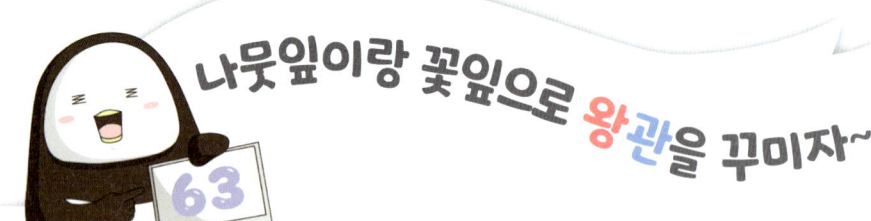

나뭇잎이랑 꽃잎으로 **왕관**을 꾸미자~

63

여러 가지 나뭇잎으로 왕관 꾸미기 놀이

이 왕관을 쓰면
나는 가을 공주가 돼요~

준비물

낙엽 여러 개,
스케치북 한 장,
테이프,
양면테이프,
채색 도구

놀이에 적당한 시간

놀이 준비
15분
놀이 활동
15분

성취 도표

아이와 함께 놀이 준비!

1 아이와 밖에 나가 낙엽, 나뭇잎, 꽃잎 등을 주워요.

2 스케치북 한 장을 뜯어서 가로로 길게 4등분해요

★ 249, 251쪽에 나뭇잎들이 있어요!

3 스케치북 띠를 이어 붙여 아이의 머리둘레에 맞게 조절해요.

아이와 함께 놀이 시작!

1 완성된 띠의 한쪽 면에 양면테이프를 붙여요.

2 양면테이프 위에 나뭇잎, 낙엽, 꽃잎 등을 붙여 왕관을 꾸며요.

3 채색 도구를 이용하여 왕관을 더 아름답게 꾸밀 수 있어요.

이종대왕이 알려주는 꿀팁!

★ 다양한 색깔의 낙엽이나 나뭇잎을 사용하면 아름다운 왕관을 꾸밀 수 있어요.
★ 만약 자연물을 구하기 어려운 상황이라면, 색종이에 나뭇잎을 그린 후 오려서 사용할 수 있어요.

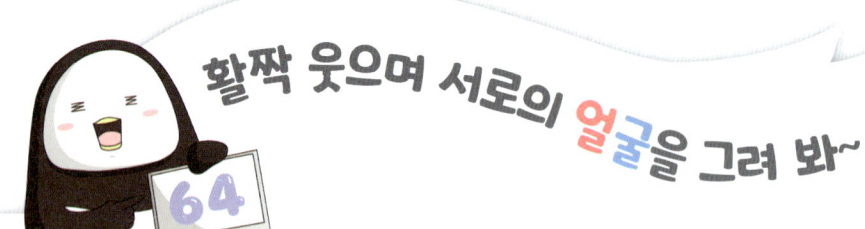

활짝 웃으며 서로의 얼굴을 그려 봐~

관찰력과 협동심을 기르는
얼굴 그려 주기 놀이

눈이 방울방울 반짝반짝거리네~

준비물

종이 2장, 서로 다른 색의 사인펜이나 색연필 2개

놀이에 적당한 시간

10분 내외

성취 도표

아이와 함께 놀이 준비!

1. 서로 색이 다른 사인펜을 하나씩 골라요.
2. 서로 마주 보고 앉아요.

아이와 함께 놀이 시작!

1. 우선 나의 얼굴형을 크게 그려요.
2. 다 그린 뒤 종이를 서로 바꿔요.
3. 이번에는 내가 아닌 상대방의 눈썹과 눈을 그려 줘요.
4. 다 그리면 다시 종이를 서로 바꿔요.
5. 이번에는 나의 코와 입을 그려요.
6. 역시 다 그리면 다시 종이를 서로 바꿔요.
7. 이번에는 상대방의 머리카락과 귀를 그려 줘요.
8. 서로 그림을 비교하며 웃어요.

이종대왕이 알려주는 꿀팁!

★ 처음에는 그냥 서로의 얼굴을 모두 그려 준 뒤 본활동을 하고 작품을 비교해 보는 것도 재미있어요.
★ 색깔은 한 색깔이 아닌 어울리는 사인펜을 골라 그려도 돼요.

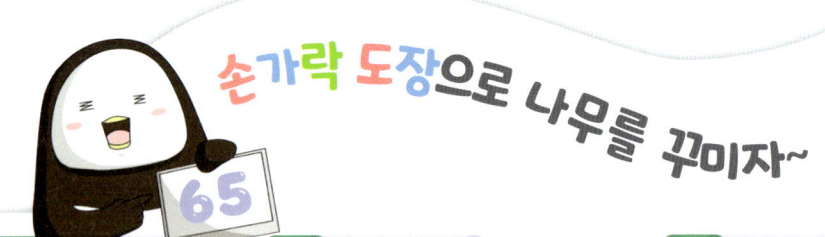

손가락 도장으로 나무를 꾸미자~
65

창의력과 감각을 키우는
손가락 미술 놀이

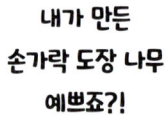

내가 만든
손가락 도장 나무
예쁘죠?!

준비물

물감, 물티슈,
스케치북
또는
A4종이

놀이에 적당한 시간

놀이 준비 **5분**
놀이 활동 **15분**

성취 도표

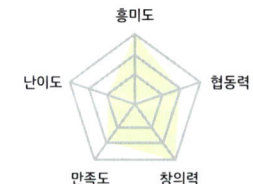

아이와 함께 놀이 준비!

1 스케치북 또는 A4종이에 나무 기둥과 나뭇가지를 그려요.
  ★ 253쪽에 나무 기둥이 있어요!

2 팔레트(또는 스케치북)에 3~4가지 색깔의 물감을 짜 놓습니다.

아이와 함께 놀이 시작!

1 원하는 색깔의 물감부터 엄지손가락에 묻혀요.

2 물감을 묻힌 손가락을 나뭇가지에 찍어 나뭇잎을 만들어요.

3 엄지손가락을 물티슈로 닦거나 다른 손가락을 사용하여 다른 색 물감을 묻혀요.

4 여러 가지 색깔을 사용하여 아름다운 나만의 나무를 꾸며 봐요.

이종대왕이 알려주는 꿀팁!

★ 나무를 모두 꾸민 후에는 나무에 이름을 만들어 주세요.
  예 우리 가족 행복 나무, 우리 가족 소원 나무 "항상 건강하고 행복하게 해 주세요!"

그림 액자 속으로 풍경 쏙~ 쏙~

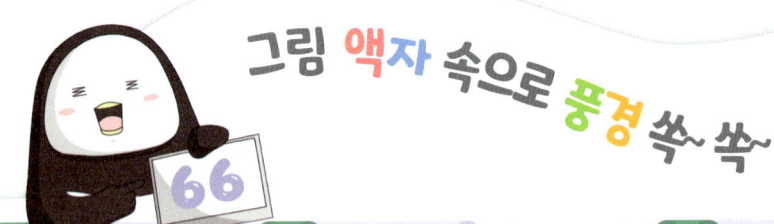

직접 그린 그림과 자연 풍경을 합하여 특별 사진 찍기 놀이

조각 드레스 입은 공주님~ ㅋㅋㅋ

준비물
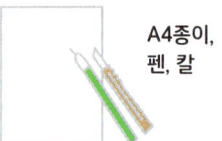
A4종이, 펜, 칼

놀이에 적당한 시간

놀이 준비 **15분**
놀이 활동 **20분** 내외

성취 도표

흥미도
난이도
협동력
만족도
창의력

아이와 함께 놀이  준비!

1 A4종이에 아이가 원하는 그림을 그려 주세요.

2 풍경을 담을 부분을 고른 후, 칼로 구멍을 내 주면 액자 완성이에요!
★ 255, 257, 259쪽에 액자 도안이 있어요!

아이와 함께 놀이  시작!

1 아이와 함께 만든 액자를 들고 야외에 나가요.

2 구멍이 뚫린 부분에 하늘, 꽃, 나무 등의 풍경을 담아요.

3 액자 속 풍경을 바꿔 가며 사진을 찍어요.

4 찍은 사진에 이름을 붙일 수 있어요.
★ 하늘 맛 아이스크림, 꽃잎 색 드레스 같은 이름을 붙여 주며 놀아요!

이종대왕이 알려주는 꿀팁!
★ 아이와 의논하여 그림을 그려 주거나, 아이가 직접 그리게 할 수 있어요.

면봉으로 콕콕 찍어 색을 칠하자~

점묘법 표현을 익히는
면봉 미술 놀이

하얀 사과가 빨개지도록~

콕! 콕! 콕!

준비물

스케치북, 물감, 팔레트 혹은 일회용 접시, 면봉 4~5개

놀이에 적당한 시간

놀이 준비 **5분**
놀이 활동 **15분**

성취 도표

아이와 함께 놀이 준비!

1 스케치북에 아이가 원하는 그림을 자유롭게 그려요. 이때, 색칠은 하지 않고 스케치만 하는 것이 좋아요.

★ 261쪽에 스케치 도안이 있어요!

2 스케치를 완성했다면, 어떤 색으로 칠하고 싶은지 이야기를 나눠요.

3 아이가 원하는 색의 물감을 일회용 접시 또는 팔레트에 짜 놓아요.

아이와 함께 놀이 시작!

1 면봉에 물감을 찍어 스케치된 그림에 콕콕 찍어요.

2 면봉으로 색칠을 완성해요.

이종대왕이 알려주는 꿀팁!

★ 물감을 너무 많이 묻히면 점이 잘 안 보일 수 있으니 조금씩 묻혀서 찍어요.

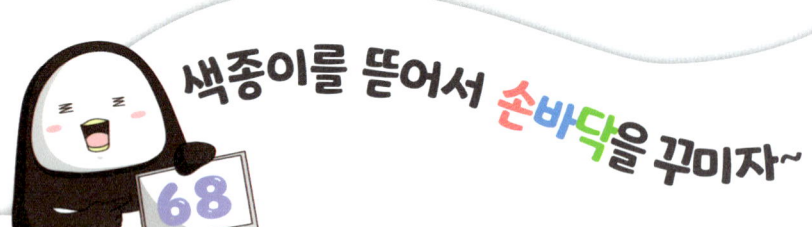

색종이를 뜯어서 손바닥을 꾸미자~
68

감각능력을 키우는
모자이크 무늬 꾸미기 놀이

나는야 붙이기 대장!

준비물

A4종이 또는 스케치북, 연필, 여러가지 색의 색종이, 딱풀

놀이에 적당한 시간

놀이 준비 **5분**
놀이 활동 **15분**

성취 도표
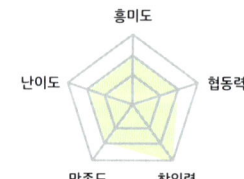

아이와 함께 놀이 준비!

1. A4종이에 손바닥을 대요.
2. 연필을 이용해서 손 모양을 따라 그려요.

아이와 함께 놀이 시작!

1. 좋아하는 색깔의 색종이를 손으로 뜯어서 여러 조각을 만들어요. 이때, 가위로 자르지 않고 꼭 손으로 뜯어요.
2. 이제 뜯어 놓은 색종이 조각을 딱풀을 사용하여 손 모양 안에 붙여요.

이종대왕이 알려주는 꿀팁!

★ 손 모양 선을 따라 색종이 조각의 크기를 조절하고 섬세하게 붙이는 과정을 통해 미적 감수성을 길러요.

○, △, □로 무엇을 그릴까?

상상력을 발휘하는
연상 그림 그리기 놀이

네모 아래
더 큰 네모를 그리면?
냉! 장! 고!

준비물

A4종이 또는 스케치북, 색칠 도구

놀이에 적당한 시간

15분 내외

성취 도표

 **아이와 함께 놀이 준비!**

☆ 스케치북에 동그라미(○), 세모(△), 네모(□)를 그려 주세요.

 **아이와 함께 놀이 시작!**

1 동그라미는 무엇이든 될 수 있어요. 동그라미를 꾸며서 다양하게 변신시켜 봐요. 동물(토끼, 강아지, 돼지 등), 음식(빵, 피자 등), 물건(접시, 공 등)으로 꾸며 봐요.

2 세모, 네모 모양도 자유롭게 꾸며서 변신시켜요.

이종대왕이 알려주는 꿀팁!

★ 아이가 자유롭게 상상하여 꾸밀 수 있도록 도와주세요.

　예 "동그라미가 있네. 동그라미는 무엇이 될 수 있을까? 엄마는 동그라미로 토끼를 그려 볼게. ○○이는 무엇을 그리고 싶니?"

나만의 뷔페를 만들자~
70

내가 좋아하는 음식들로
뷔페 꾸미기 놀이

소시지 먹고~
그 다음엔 아이스크림~!!

준비물

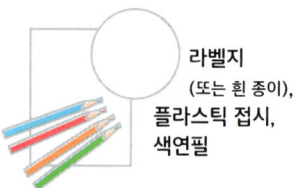

라벨지
(또는 흰 종이),
플라스틱 접시,
색연필

놀이에 적당한 시간

놀이 준비
10분

놀이 활동
20분

성취 도표

 아이와 함께 놀이 준비!

1. 흰색 라벨지를 이용하거나, 흰 종이를 오려서(가로 5cm, 세로 3cm 내외) 준비해요.
2. 아이와 어떤 음식들을 차리고 싶은지 이야기해요.

 아이와 함께 놀이 시작!

1. 아이가 좋아하는 음식, 또는 차리고 싶은 음식을 종이에 적어요. 음식 이름을 적는 것은 어른이 도와주고 아이가 그림을 그릴 수 있어요.

2. 접시에 음식을 붙여 나만의 뷔페를 꾸며요.

이종대왕이 알려주는 꿀팁!

★ 만들기를 하기 전에 아이와 함께 어떤 뷔페를 꾸미고 싶은지, 어떤 음식을 차리고 싶은지 이야기 나누는 시간을 꼭 가져요.

★ 음식 이름을 떠올리는 과정에서 'ㄱ'으로 시작하는 음식, 'ㄴ'으로 시작하는 음식 등을 떠올려 볼 수 있어요.

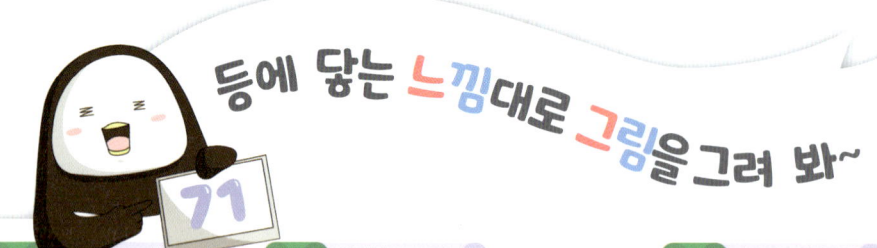

등에 닿는 느낌대로 그림을 그려 봐~

신체지각능력을 키우는 간질간질 웃긴 그리기 놀이

하트! 별!
헤헷! 간지러워~
이번엔 뭐지?

준비물
도화지, 크레파스(색연필) 

놀이에 적당한 시간 
15분 내외

성취 도표
흥미도 / 협동력 / 창의력 / 만족도 / 난이도

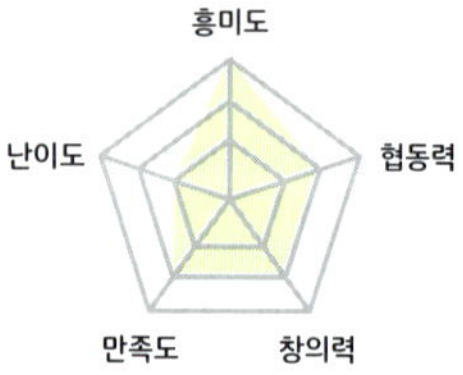

아이와 함께 놀이 준비!

1. 아이는 스케치북과 크레파스 한 개를 꺼내 앉아요.
2. 아이 등 뒤에 부모가 앉아요.

아이와 함께 놀이 시작!

1. 시작하면 아이 등에 손가락으로 크게 동그라미를 그려요.
2. 아이는 등에 닿는 느낌대로 스케치북에 따라 그려요.
3. 같은 방법으로 계속해서 등에 손가락으로 그린 것을 스케치북에 그려 봐요.

이종대왕이 알려주는 꿀팁!

★ 처음에는 단순한 선이나 모양을 천천히 크게 그려 줘요.
★ 역할을 바꿔서 진행해요.

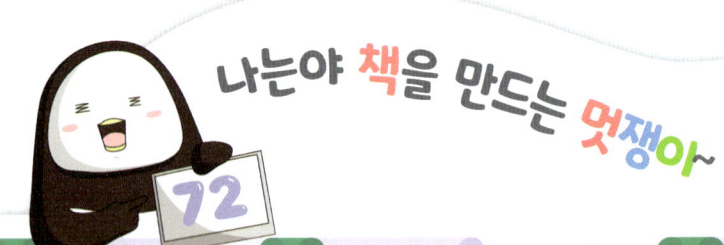

나는야 책을 만드는 멋쟁이~

72

우리 가족을 소개하는
책 만들기 놀이

우리 아빠는요~

준비물

가족사진(선택), 채색 도구, A4종이, 가위, 풀

놀이에 적당한 시간

놀이 준비 **10**분
놀이 활동 **30**분 내외

성취 도표

아이와 함께 놀이 준비!  A4종이로 책을 만들어요.

A4종이를 가로가 길게 놓고 가로로 반을 접었다 펴요.

왼쪽에서 오른쪽으로 세로로 반을 접었다 펴요.

가운데 세로선을 중심으로 양쪽 대문접기를 한 후 다시 펴요.

다시 왼쪽에서 오른쪽으로 반을 접은 다음 접힌 선이 나를 향하도록 종이를 들고 중간에 접힌 선을 따라 반만 가위로 잘라요.

다시 종이를 펼친 다음 잘린 곳이 위를 향하게 종이를 세워서 양쪽 끝을 안쪽으로 밀어 가운데 벌어진 두 부분이 떨어지도록 해요.

세로 부분을 눌러서 납작하게 만들면 8쪽짜리 책이 완성돼요.

아이와 함께 놀이 시작!

1. 가족사진을 오려서 붙이거나 가족 구성원의 그림을 직접 그려요.
2. 엄마, 아빠, 형제, 할머니, 할아버지 등의 이름, 좋아하는 음식, 좋아하는 놀이, 특징 등을 소개하는 글을 적어요.
3. 글을 적는 것이 어렵다면 사진을 붙이고 호칭과 이름을 적는 것만으로도 충분해요.
4. 책을 완성했다면 책의 제목을 정하고 표지를 꾸며 주세요.

이종대왕이 알려주는 꿀팁!

★ 아이가 직접 책을 만들어 보는 활동으로 자존감을 키워 주세요.
 다 만든 책은 잘 보이는 곳에 전시해 주세요.

· 6장 · 가장 쉬운 아이 중심

오감 놀이 13

오감(五感)은 시각, 청각, 후각, 미각, 촉각의 다섯 가지 감각을 말합니다. 아이들의 두뇌 발달은 이 오감의 자극에 의해서 이루어집니다. 따라서 아이들의 오감을 자극하여 그것을 바탕으로 아이 스스로 생각하고 판단하는 힘을 길러 줄 필요가 있습니다.

이번 장에서는 **한 가지 감각에 집중하여 몰입하고 즐길 수 있는 놀이들**을 소개합니다. 시각에만 집중하여 사물을 바라보는 동안 문제 해결의 기본이 되는 **관찰력과 탐구력**이 길러집니다. 집중하여 낱말을 듣고 생각하는 시간은 아이의 **자기조절력**을 길러 주고 상상하는 근육을 키워 줍니다. 촉각만을 활용하여 물건을 예상하고 추리하는 활동은 아이들에게 간단한 **논리적 사고**를 경험하게 해 줍니다.

감각을 온전하게 느끼고 문제를 해결하는 과정에서 아이들은 **성취감**을 느끼고 내면의 **자신감**이 생겨납니다. 옆에 있는 어른의 긍정적인 반응이 있다면 더욱 좋겠지요. 아동기 때 차곡차곡 쌓인 이런 경험들은 나중에 아이가 커서 어려움에 직면했을 때 문제를 해결할 수 있는 힘을 길러 주고 **합리적이고 논리적인 판단**을 할 수 있도록 해 줄 것입니다.

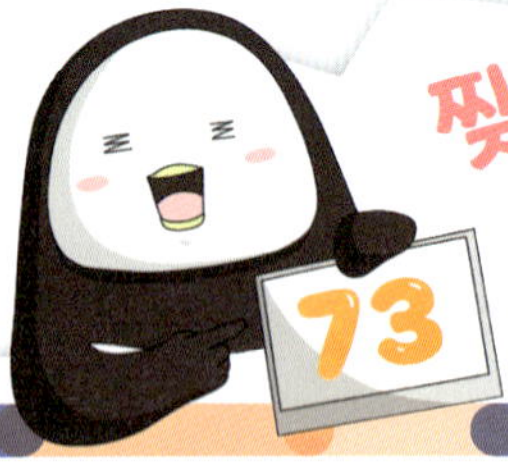

찢어! 이것은 무엇일까?

감각능력과 상상력을 키우는
색종이 퀴즈 놀이

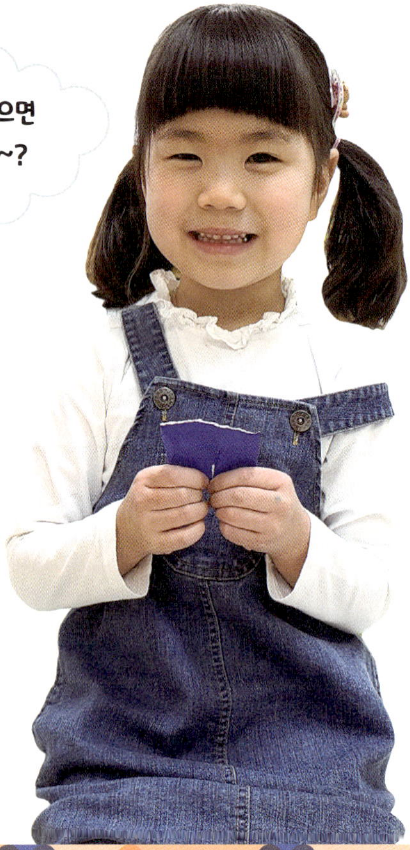

이렇게 찢으면 ㄱ이 될까~?

준비물
종이(색종이)

놀이에 적당한 시간 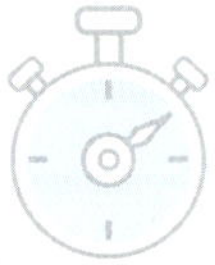
15분 내외

성취 도표
흥미도 / 협동력 / 창의력 / 만족도 / 난이도

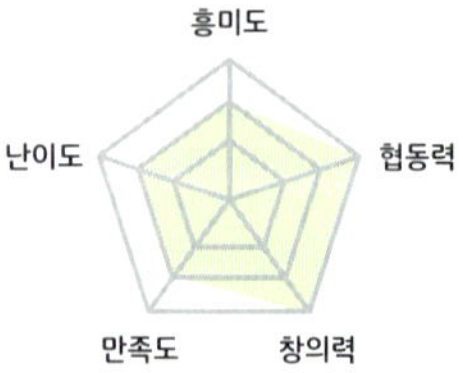

아이와 함께 놀이 준비!

1. 종이쪽지에 손으로 만들기 쉬운 여러 가지 낱말을 적어요.
2. 낱말 쪽지를 두 번 접어 바구니에 넣어요.

지렁이 기린 비행기
숫자 한글 자음 오리

아이와 함께 놀이 시작!

1. 바구니의 쪽지를 뽑아 해당 낱말을 손으로 찢어 표현합니다.
2. 상대방은 찢은 종이를 보고 답을 유추합니다.
3. 답이 나오지 않을 경우 크레파스나 색연필로 색을 넣어 힌트를 줍니다.
4. 답이 나오면 역할을 바꿔 진행합니다.

이종대왕이 알려주는 꿀팁!

★ 답을 유추하는 것이 어려울 경우 바구니에 넣었던 낱말 목록을 나열해 놓고 참고하면 쉬워요.
★ 종이를 찢은 뒤 연필로 그 안을 꾸미면서 힌트를 줘도 좋아요.

호기심 상자 안에 뭐가 들었을까?

촉감과 추리력으로 물건 알아맞히기 놀이

어~ 어~
이게 뭐더라?

준비물

안이 보이지 않는 중간 크기의 상자 (30x30x30 이상), 촉감을 느낄 수 있는 물건 3~4가지

놀이에 적당한 시간

15분 내외

성취 도표

아이와 함께 놀이 준비!

1. 상자에 두 손이 들어갈 만한 구멍 2개를 뚫어요.
2. 여러 가지 촉감을 느낄 수 있는 물건을 미리 준비하고 한 개씩 아이 몰래 집어넣어요.

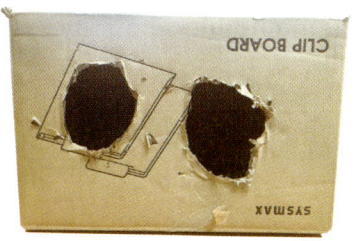

아이와 함께 놀이 시작!

1. 아이가 상자 구멍에 손을 넣고 물건을 손으로만 느껴 봐요. 상자 대신 부직포 주머니 같은 것을 사용해도 좋아요.
2. 아이는 물건을 만져 보며 스무고개식으로 질문을 해요. 예를 들어 "장난감이에요?", "무슨 색깔이에요?"와 같이 물건에 대해 질문을 해요.
3. 물건을 꺼내 정답이 맞는지 확인해요.
4. 답이 나오면 다음 물건을 넣고 진행해요.

이종대왕이 알려주는 꿀팁!

★ 상자 안에 넣는 물건은 인형, 학용품, 안전한 주방용품 등 아이에게 친숙한 물건을 넣어요.
★ 아이가 물건을 맞히면 왜 그렇게 생각했는지 꼭 물어봐 주세요.
　예) 토끼 귀 모양이 만져져서 토끼 인형 같아요. 얇고 펄럭거려서 색종이 같아요.
★ 몇 번 진행한 뒤 아이가 물건을 안에 넣고 부모가 손을 넣어 물건을 추리해도 재미있어요.
★ 아이가 처음에 겁을 먹을 수 있기 때문에 움직이는 동물이나 곤충 같은 것은 넣지 않았다고 아이에게 확실하게 말해 주는 것이 좋아요.

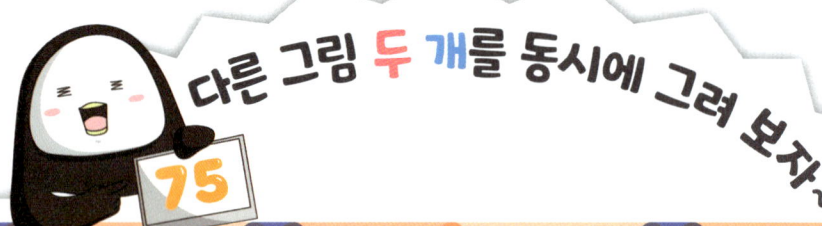

다른 그림 두 개를 동시에 그려 보자~
75

좌뇌와 우뇌를 발달시키는
양손 그림 따로 그리기 놀이

이쪽 따로 저쪽 따로
아~ 헷갈려~

준비물

종이,
색연필 2자루

놀이에 적당한 시간

놀이 준비
5분
놀이 활동
5분

성취 도표

아이와 함께 놀이 준비!

☆ 종이에 색연필 2자루를 사용하여 각각 선을 그어요. 곡선, 직선, 지그재그선 모두 좋아요.

★ 263, 264쪽에 양손 따로 그림이 있어요!

아이와 함께 놀이 시작!

1. 두 가지 선의 출발점에 각각 왼쪽 검지손가락, 오른쪽 검지손가락을 올려요.
2. "시작!"을 외치면, 양쪽 손가락이 동시에 출발하여 선을 따라가요.
3. 양쪽 손가락이 동시에 선의 끝에 도착하면 미션 성공이에요.

이종대왕이 알려주는 꿀팁!

★ 처음에는 단순한 선에서 시작하고, 점차 선을 복잡하게 해 봐요.
★ 엄마와 아이가 상대방의 선을 그려 주는 것도 좋아요.

아이와 함께 놀이 준비!

1. 아이가 가장 좋아하는 인형을 준비해요.
2. 아이 몰래 집 안 어딘가에 인형을 숨겨 놓아요.

아이와 함께 놀이 시작!

1. 시작하면 아이는 인형을 찾아 돌아다녀요.
2. 아이가 인형에서 멀어질 때는 박수를 점점 천천히 쳐요.
3. 아이가 인형에서 가까워질 때는 박수를 점점 빠르게 쳐요.
4. 이런 방식으로 박수의 빠르기를 조절하며 인형의 위치에 대한 힌트를 줘요.
5. 아이가 인형을 찾으면 역할을 바꿔 진행해요.

이종대왕이 알려주는 꿀팁!

★ 놀이 전에 아이가 가까이 오면 박수를 빨리 치고 멀어지면 박수를 천천히 치는 시범을 충분히 보여 줘요.

★ 거리가 멀 때는 박수를 매우 느리게 쳐야 거리에 따른 박수 속도 조절이 쉬워요.

잘 보고 **거울**처럼 따라 해~

77

관찰력과 표현력을 기르는
따라 하기 놀이

눈은 노려보고
손은 부처님처럼~

사전 준비	놀이에 적당한 시간	성취 도표

아이가 하는 동작을
거울처럼 부모가
따라 해서 게임 규칙
알려 주기

 **10**분 내외

아이와 함께 놀이 준비!

1 서로 마주 보고 서요.

2 아이가 먼저 움직이는 역할, 부모님(상대방)은 거울 역할을 해요.

아이와 함께 놀이 시작!

1 아이가 제자리에서 팔이나 몸을 움직이면 상대방은 거울처럼 따라 해요.

2 아이가 오른손을 들면 거울처럼 왼손을 들고 아이가 몸을 흔들면 따라 흔들어요.

3 일정 시간이 흐른 뒤 역할을 바꿔 놀이를 해요.

이종대왕이 알려주는 꿀팁!

★ 동작도 다양하면 좋지만 같은 동작이더라도 속도를 달리하면 더욱 즐거워요.
★ 둘이 해도 좋지만 한 명을 두 명이 따라 하면 더욱 재미있는 상황이 많이 발생해요.

서로를 마주 보며 웃음꽃이 활짝~

서로의 눈만 바라보며 얼굴 그려 주기 놀이

언니 눈이 옆으로 길게 생겼네~

준비물
종이, 싸인펜 

놀이에 적당한 시간 
10분 내외

성취 도표
- 흥미도
- 난이도
- 협동력
- 만족도
- 창의력

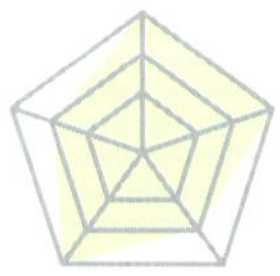

아이와 함께 놀이 { 준비! }

1 종이와 싸인펜을 모두 준비해요.

2 서로 마주 보고 앉아요.

아이와 함께 놀이 { 시작! }

1 시작하면 서로의 얼굴을 그려요.

2 이때 종이는 보지 않고 오직 상대방의 얼굴만 보고 그림을 그려야 해요.

3 다 그렸다 생각이 들면 종이를 뒤집어요.

4 모두 종이를 뒤집으면 동시에 작품을 공개해요.

이종대왕이 알려주는 꿀팁!

★ 어차피 안 보고 그리기 때문에 망쳐도 괜찮다고 용기를 주며 놀이를 해요.

★ 다 그린 다음엔 종이를 보며 다시 제대로 얼굴을 그려 봐요.

나를 믿고 **부릉부릉~**

79

협응력과 집중력을 기르는
함께 운전 놀이

오른쪽 어깨 톡!톡!
왼쪽 어깨 쿡!쿡!

준비물

안대 또는 눈을 가릴 수 있는 손수건

놀이에 적당한 시간

10분 내외

성취 도표

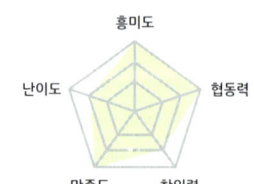

아이와 함께 놀이 준비!

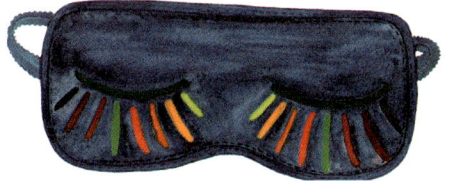

1. 안대나 손수건으로 아이 눈을 가려요.
2. 발에 걸려 넘어질 위험이 있는 물건은 미리 치워요.

아이와 함께 놀이 시작!

1. 엄마나 아빠는 아이 뒤에 서서 두 팔을 아이의 어깨에 올려요.
2. 아이는 살금살금 앞으로 걸어가요.
3. 엄마나 아빠가 아이의 오른쪽 어깨를 톡톡 치면 아이는 오른쪽으로 방향을 바꾸고 왼쪽 어깨를 톡톡 치면 아이는 왼쪽으로 방향을 바꿔요.
4. 엄마나 아빠가 아이 등을 톡톡 치면 아이는 멈춰요.
5. 이런 방식으로 아이가 안전하게 움직일 수 있도록 뒤에서 운전을 해요.

이종대왕이 알려주는 꿀팁!

★ 아이는 천천히 살금살금 걸어야 안전해요.
★ 아이가 잘하면 역할을 바꿔 진행해요.

80 떨어뜨리면 안 돼! 호흡을 맞춰~

협응력과 집중력을 기르는
나무젓가락 배달 놀이

조심조심~

살금살금~

준비물
나무젓가락, 반환점을 표시할 물건 

놀이에 적당한 시간 
10분 내외

성취 도표
- 흥미도
- 난이도
- 협동력
- 만족도
- 창의력

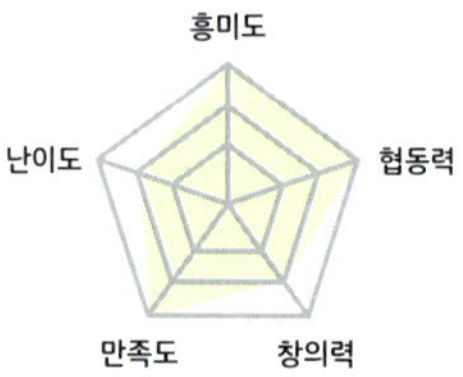

아이와 함께 놀이 준비!

1 서로의 검지손가락으로 나무젓가락을 들어요.

2 출발선과 반환점을 정해요.

아이와 함께 놀이 시작!

1 서로의 검지손가락으로 나무젓가락을 든 상태에서 반환점까지 이동해요.

2 반환점에서 다시 출발선으로 돌아와요.

3 중간에 떨어트리면 다시 처음 출발선에서 시작해요.

4 도착 기록을 측정 후 다시 그 기록에 도전해요.

이종대왕이 알려주는 꿀팁!

★ 가는 길에 여러 가지 장애물을 놓으면 더 재미있어요.
★ 빠른 템포의 음악을 틀고 하면 더욱 긴장감이 넘쳐요.

눈을 감고 크기를 비교해 봐~
81

손의 감각만으로 크기 순서 맞히기 놀이

이게 제일 작아요~

준비물
여러 크기의 컵이나 그릇, 안대나 손수건 

놀이에 적당한 시간 
10분 내외

성취 도표
흥미도 / 협동력 / 창의력 / 만족도 / 난이도

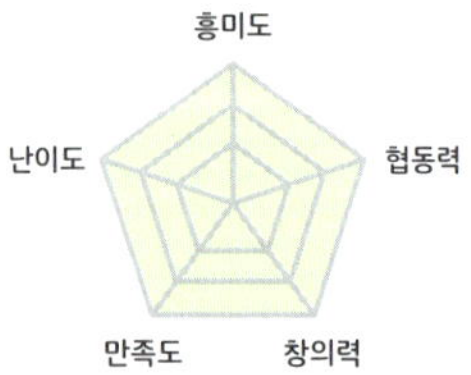

아이와 함께 놀이 준비!

1. 여러 크기의 컵이나 그릇을 아이에게 보여 줘요.
2. 안대나 손수건으로 아이의 눈을 가려요.

아이와 함께 놀이 시작!

1. 시작하면 아이는 컵을 크기가 큰 순으로 나열을 해야 해요. 한 손만 쓰게 해도 되고 아이가 어려워하면 두 손을 쓰게 할 수도 있어요.
2. 아이가 컵을 만지면서 가장 큰 컵을 고르면 부모가 정렬을 도와줘요.
3. 다 했다고 생각하면 눈을 뜨고 결과를 확인해요.

이종대왕이 알려주는 꿀팁!

★ 처음에는 3개 정도로 쉽게 진행하고 잘하면 점점 개수를 늘려요.
★ 컵 이외에도 크기가 구별되는 다양한 물건으로 진행하면 좋아요.

나는야 꼬마 과학자! 초콜릿 화석을 발굴해~ 82

집중력과 인내심을 기르는 초콜릿 떼어 내기 놀이

집중해서 살살 쏘옥~

준비물
초콜릿 과자 (초콜릿 조각이 박힌 과자), 이쑤시개, 흰 종이, 접시

놀이에 적당한 시간
 **15분 내외**

성취 도표

흥미도 / 협동력 / 창의력 / 만족도 / 난이도

아이와 함께 놀이 준비!

☆ 흰 종이나 신문지를 깔고 초콜릿이 박힌 과자를 올려 주세요.

아이와 함께 놀이 시작!

1 아이와 함께 초콜릿 과자를 살펴봐요.

2 초콜릿 과자에 박혀 있는 초콜릿의 수를 세 보고, 어떻게 하면 초콜릿을 잘 떼어 낼 수 있을지 생각해 봐요.

3 이쑤시개를 이용하여 초콜릿 과자에서 초콜릿을 떼어 봅니다. 떼어 낸 초콜릿을 한곳에 모아요.

이종대왕이 알려주는 꿀팁!

★ 이 놀이를 통해 화석 발굴의 과정을 경험해요.

★ 초콜릿을 모두 떼어 낸 후, 초콜릿을 먹게 해 주고 아이에게 성취감을 느끼게 해 주세요.

　*화석 발굴 영상 참고

계란판으로 즐기는 탁구 놀이

내 차례야

슝~

준비물

계란판 2개, 탁구공 1개

놀이에 적당한 시간

20분 내외

성취 도표

아이와 함께 놀이 준비!

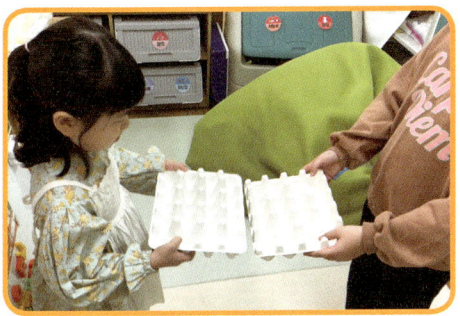

★ 두 사람이 계란판 1개씩을 들고서 마주 보고 서요.

아이와 함께 놀이 시작!

1 가위바위보를 해서 이긴 사람이 먼저 탁구공 1개를 계란판 위에 올려 놓아요.

2 계란판을 위아래로 움직여 상대방의 계란판으로 탁구공을 넘겨요.

3 계속해서 탁구공을 주고받아요.

이종대왕이 알려주는 꿀팁!

★ 탁구공을 주고받는 횟수를 목표로 정해 놓으면 더 재미있어요.
★ 탁구공 1개를 주고받는 것에 익숙해지면 동시에 2-3개를 주고받는 놀이를 할 수 있어요.

계란판으로 통통통~
84

운동능력과 집중력을 기르는
탁구공 튕겨 옮기기 놀이

떨어지지 않게 통! 통! 통!

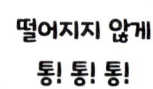

준비물	놀이에 적당한 시간	성취 도표
계란판 2개, 탁구공 2개	20분 내외	흥미도, 난이도, 협동력, 만족도, 창의력

아이와 함께 놀이 준비!

1. 2개의 계란판에 각각 출발점과 도착점을 표시해요. (출발점은 첫 번째 줄의 가장 왼쪽 칸, 도착점은 마지막 줄의 가장 오른쪽 칸이에요.)
2. 두 사람이 각각 계란판 1개씩을 가지고, 탁구공을 계란판의 출발점에 놓은 후 놀이를 시작해요.

아이와 함께 놀이 시작!

1. 가위바위보를 해 이긴 사람부터 계란판을 위아래로 움직여요. 자신의 계란판 안에서 탁구공의 위치를 옮겨요.
2. 만약 탁구공이 바닥에 떨어지면 떨어지기 직전 위치에 놓고 상대방에게 차례가 넘어가요.
3. 탁구공이 먼저 도착점에 도착하는 사람이 이겨요.

이종대왕이 알려주는 꿀팁!

★ 탁구공 대신에 신문지를 구겨서 만든 신문지공을 활용할 수 있어요.
★ 신문지공이나 휴지공 등을 활용하여 난이도 조절을 할 수 있어요.

받아쓰기가 아니라 받아그리기?

집중력과 표현력을 기르는
동요 받아그리기 놀이

나비야~ 나비야~
이리 날아 오너라!

준비물

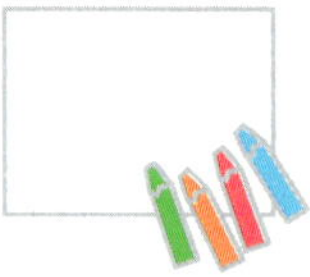

동요, 도화지, 크레파스(색연필)

놀이에 적당한 시간

10분

성취 도표(원고 누락)

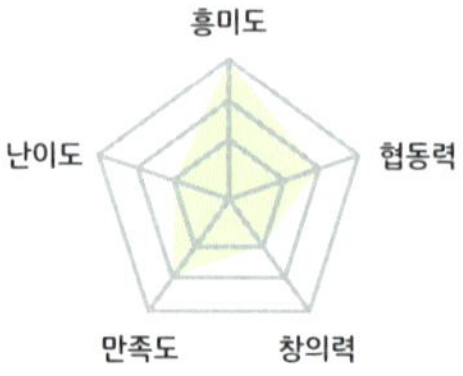

흥미도 / 협동력 / 창의력 / 만족도 / 난이도

아이와 함께 놀이 준비!

1. 아이에게 들려 주고 싶은 동요를 여러 곡 준비해요.
   - 예 나비야, 코끼리와 거미줄, 산토끼, 멋쟁이 토마토, 둥근 해가 떴습니다 등

2. 아이는 도화지와 크레파스나 색연필을 준비해요.

아이와 함께 놀이 시작!

1. 동요를 틀어 주면 아이는 가사를 집중해서 들어요.

2. 가사에서 아는 낱말이 나오면 이를 그림으로 그려요.

3. 만약 나비가 들리면 나비를 도화지에 그리고 새싹이 들리면 새싹을 도화지에 그려요.

4. 노래를 여러 번 들려준 뒤 가사에 나온 낱말을 그림으로 그렸을 경우 동그라미를 그려 줘요.

5. 실제 노래 가사를 알려 주며 함께 불러 봐요.

이종대왕이 알려주는 꿀팁!

★ 노래에 아이가 모르는 낱말이 나올 경우 부모가 직접 그림으로 그 낱말을 그려 주면 아이가 낱말을 익히는 데 큰 도움이 돼요.

★ 유튜브에 '선생님 추천 동요'라고 검색하면 적절한 동요모음을 찾을 수 있어요.

· 7장 · 가장 쉬운 아이 중심

도구 놀이 15

이번 장에서는 집이나 집 주변에서 쉽게 구할 수 있는 도구들을 활용한 놀이를 제안합니다. 종이컵, 풍선, 종이, 공, 인형, 신문지로 신나게 놀면서 아이는 **주변에 있던 물건들이 새로운 의미로 다가오는 신기한 경험**을 하게 됩니다. 따로 시간을 내거나 특별한 곳을 가지 않더라도 재미있는 순간은 언제나 우리 주변에 있다는 것도 알게 되지요. 도구를 만지고 조작하는 과정에서 손과 발의 힘을 기르고 **신체를 조화롭게 움직이는 협응력**을 기릅니다. 이는 나중에 손과 발의 힘을 많이 필요로 하는 체육 활동을 할 때 큰 도움이 됩니다.

도구 활용 놀이의 큰 장점은 **아이가 직접 새로운 놀이를 개발**하고 해볼 수 있다는 것입니다. 풍선을 튕기는 놀이를 했다면, 풍선을 던지거나 주고받는 놀이로 바꿀 수 있고 풍선의 개수를 바꿀 수도 있겠지요. 신문지 놀이에서 신문지 대신 이불을 사용할 수도 있습니다. 아이와 함께 놀이에 대해 대화를 나누고 아이의 **창의력을 마음껏 발휘**할 수 있게 해주세요. 놀이의 재미와 창의성은 바로 여기서 발현될 것입니다.

공을 굴려 성을 무너뜨리자!

86

집에서 즐기는 종이컵 볼링 놀이

만세~ 성을 무너뜨렸다~

준비물

종이컵 15개, 공(신문지공, 스펀지공 등 활용)

놀이에 적당한 시간

20분 내외

성취 도표

흥미도, 협동력, 창의력, 만족도, 난이도

아이와 함께 놀이 준비!

1. 아이와 함께 종이컵을 아래부터 5-4-3-2-1개씩 쌓아 종이컵 성을 만들어요.
2. 종이컵 성으로부터 약 3m 떨어진 지점에 출발선을 정해요.

아이와 함께 놀이 시작!

1. 출발선에서 공을 한 사람당 2번씩 굴려요.

2. 종이컵 성이 쓰러진 개수만큼 점수를 얻어요.

아홉 개~ 9점!

이종대왕이 알려주는 꿀팁!

★ 성을 높게 쌓고 무너뜨리는 과정에서 소근육을 발달시키고 스트레스를 해소해요.
★ 쓰러진 컵의 개수를 세어 보면서 수 감각을 익혀요.
★ 공 대신에 아이의 몸이 공이 되어 성을 쓰러뜨리는 놀이를 해도 좋아요.

더욱 재미있어진다~!

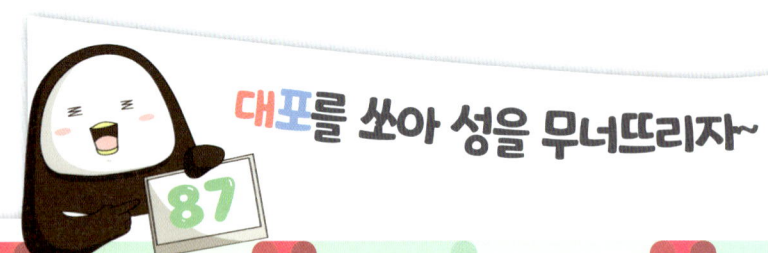

대포를 쏘아 성을 무너뜨리자~
87

종이컵과 풍선으로 신나는 대포 놀이

어때요?
내 대포 짱이죠?!

준비물

종이컵 16개,
풍선 1개,
탁구공 1개

놀이에 적당한 시간

놀이 준비 **10분**
놀이 활동 **10분**

성취 도표

아이와 함께 놀이 준비!

1. 종이컵을 아래부터 5-4-3-2-1개씩 쌓아 종이컵 성을 만들어요.
2. 종이컵 대포를 만들어요.

한 개의 종이컵의 아랫부분을 칼을 이용해 제거해요.	풍선의 윗부분(막힌 부분)을 가위로 자르고 공기 주입 부분을 묶어 주세요.	풍선을 종이컵 아래에 씌우고, 테이프로 고정해 주세요.	탁구공을 안에 넣으면 종이컵 대포 완성이에요.

아이와 함께 놀이 시작!

1. 종이컵 대포의 뚫려 있는 공간에 탁구공을 넣어요.
2. 풍선을 잡아 당겼다 놓으면 종이컵 대포를 발사할 수 있어요.
3. 이제 종이컵 대포를 이용해 종이컵 성을 쓰러뜨려 보아요!

이종대왕이 알려주는 꿀팁!

★ 몇 번의 시도만에 성을 모두 쓰러뜨리는지 도전해 봐요.

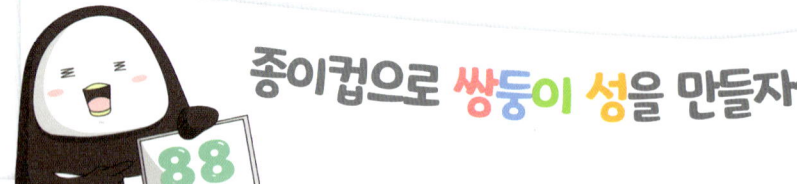

종이컵으로 쌍둥이 성을 만들자~

관찰력을 기르는
흉내 내어 모양 만들기 놀이

요렇게 하면 쌍둥이~

준비물

종이컵 5개씩 2세트, 색연필

놀이에 적당한 시간

15분 내외

성취 도표

아이와 함께 놀이 준비!

1 색깔이 다른 종이컵 5개씩 2세트를 준비해요.

2 만약 색깔 종이컵이 없다면 흰 종이컵에 다섯 가지 색깔을 직접 칠해도 좋아요.

아이와 함께 놀이 시작!

1 엄마가 먼저 5개의 종이컵을 쌓아 모양을 만들어요.

2 아이는 엄마가 만든 모양을 따라서 만들어요.

3 엄마와 아이가 역할을 바꾸어 진행해요.

4 종이컵을 쌓는 순서, 놓인 위치, 방향 등을 고려하여 다양한 모양을 만들 수 있어요.

이종대왕이 알려주는 꿀팁!

★ 놀이에 익숙해지면 컵을 빠르고 정확하게 쌓는 것을 목표로 해 봐요.

★ 한 사람이 더 있다면, 엄마가 쌓은 모양을 먼저 똑같이 따라 하는 사람이 이기는 놀이를 할 수 있어요.

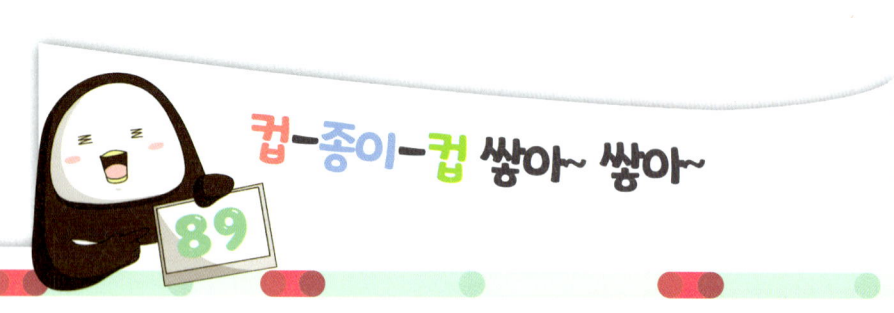

컵-종이-컵 쌓아~ 쌓아~

순발력과 협응력을 기르는
종이컵 성 쌓기 놀이

야호~
다 쌓았다~

준비물	놀이에 적당한 시간	성취 도표

종이컵 5개,
A4종이 1장

15분 내외

아이와 함께 놀이 준비!

★ A4종이 한 장을 4등분해요.

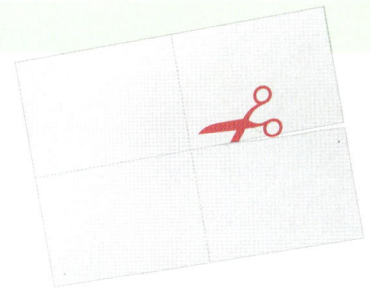

아이와 함께 놀이 시작!

1. 컵 한 개를 먼저 바닥에 놓아요.
2. 다음으로 종이를 컵 위에 쌓아요.
3. 다시 종이 위에 컵을 쌓아요. 이때, 아래층에 있는 컵이나 종이가 빠지지 않도록 조심해요.
4. 세워서 쌓기, 뒤집어 쌓기, 또는 번갈아 쌓기 등 다양한 방법으로 컵을 쌓을 수 있어요.

이종대왕이 알려주는 꿀팁!

★ 종이와 컵이 움직이지 않고 그대로 쌓이는 모습을 보고 재미를 느껴요.
★ 종이컵 성을 다 쌓은 후에는 종이컵 성이 흔들리지 않게 종이만 빼는 놀이를 해볼 수 있어요.
  이 과정에서 순발력과 협응력을 길러요.

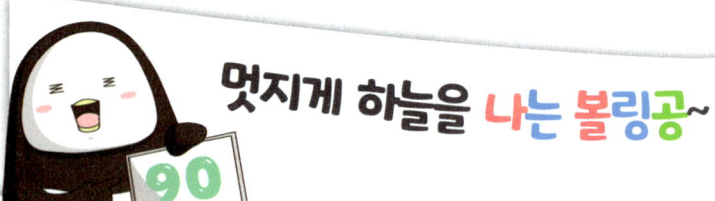

멋지게 하늘을 나는 볼링공~

굴리지 않고 날리는 종이비행기 볼링 놀이

종이비행기 완성! 이제 성으로 날려 볼까~?

준비물

색종이 2장, 종이컵 15개

놀이에 적당한 시간

20분 내외

성취 도표

아이와 함께 놀이 | 준비!

1 종이비행기를 두 개 접어요.

①  색종이를 준비해서 반으로 접었다 펼쳐요.

②  접힌 선을 기준으로 양쪽을 삼각형으로 접어요.

③ 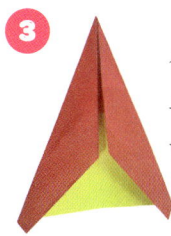 삼각형으로 접힌 부분을 한 번 더 반으로 접어요.

④  가운데 세로선을 중심으로 바깥으로 반을 접으면 비행기 완성!

2 종이컵을 여러 개 쌓아요.
맨 아래는 5개, 그 위는 4개, 그 위는 3개 이런 식으로 산처럼 쌓아요.

아이와 함께 놀이 | 시작!

1 시작선을 정하고 부모가 먼저 종이비행기를 날려 종이컵을 쓰러트려요.

2 두 번 던져 종이컵을 몇 개 쓰러트렸는지 메모해요.

3 다시 원래대로 세워 놓고 아이가 종이비행기를 두 번 날려서 기록을 측정해요.

이종대왕이 알려주는 꿀팁!

★ 유튜브에 '잘 나는 종이비행기 접는 법'을 검색하면 멋진 비행기를 접을 수 있어요.

★ 아이가 잘하면 종이컵을 좀 더 멀리 두고 도전해 봐요.

또르르르 탁구공 어디로 굴러올까?

협응력과 집중력을 기르는
종이컵 공 받기 놀이

분홍? 초록?
어디로 올까~?

준비물

종이컵 5개,
탁구공 1개

놀이에 적당한 시간
20분 내외

성취 도표

아이와 함께 놀이 준비!

1. 아이와 1m 정도의 거리를 두고 마주 앉아요.
2. 아이의 앞에 종이컵 5개를 뒤집어 놓아요.

아이와 함께 놀이 시작!

1. 아이에게 탁구공을 굴려 줘요.
2. 아이는 자신의 앞에 있는 종이컵을 이용해 탁구공을 잡아요.
3. 역할을 바꾸어 놀이를 해요.

이종대왕이 알려주는 꿀팁!

★ 이 놀이로 집중력과 협응력을 기를 수 있어요. 공을 잡기 위한 종이컵을 선택하는 과정에서 공간지각력을 향상시켜요.

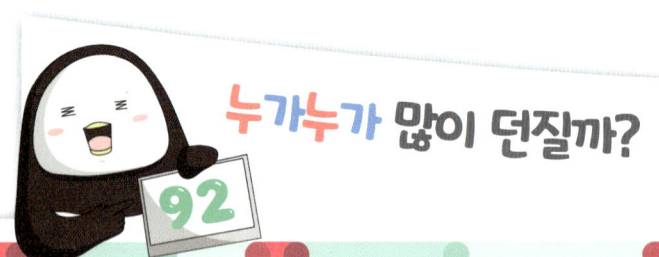

누가누가 많이 던질까?

92

운동능력과 순발력을 키우는 신문지 눈싸움 놀이

얍! 내 공 받아랏~!

준비물
신문지 여러 장

놀이에 적당한 시간
10분 내외

성취 도표
흥미도 / 협동력 / 창의력 / 만족도 / 난이도

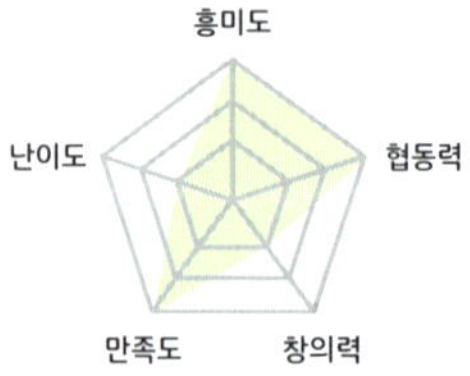

아이와 함께 놀이 준비!

1 신문지를 아이와 함께 마음껏 찢어요. 꼭 신문지가 아니어도 돼요. 집에 있는 종이들 중 잘 찢어지는 것들을 사용할 수 있어요.

2 찢은 신문지 조각들로 눈을 뭉치듯 신문지공을 많이 만들어요.

아이와 함께 놀이 시작!

1 가운데 선을 정하고 선 양쪽에 한 명씩 위치해요.

2 시작하면 각자 가지고 있는 신문지공을 반대편으로 넘겨요.

3 상대편이 넘긴 신문지공도 다시 반대편으로 넘겨요.

4 이렇게 정해진 시간 동안 계속해서 신문지공을 반대편으로 넘겨요.

5 정해진 시간이 지나면 내 쪽에 신문지공이 몇 개 있는지 세어 봐요.

6 신문지 공이 적은 쪽이 승리하겠죠?!

이종대왕이 알려주는 꿀팁!

★ 신문지 조각은 크게 찢어 구겼을 때 적당히 큰 종이공이 되도록 만들어요.
★ 활동이 끝난 뒤 한 조각도 남김없이 먼저 쓰레기통에 다 치운 팀은 보너스 점수!

아이와 함께 놀이 **준비!**

1. 신문지를 아이와 함께 마음껏 찢어요. 꼭 신문지가 아니어도 돼요. 집에 있는 종이들 중 잘 찢어지는 것들을 사용할 수 있어요.

2. 찢은 신문지 조각들로 눈을 뭉치듯 신문지공을 많이 만들어요.

아이와 함께 놀이 **시작!**

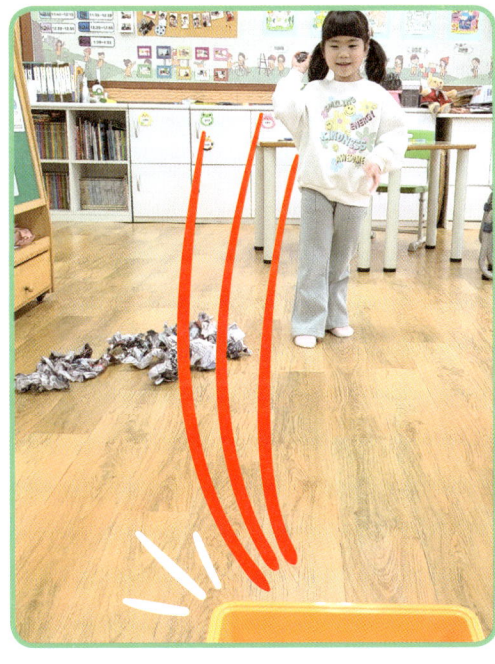

1. 시작선을 하나 정하고 적당한 거리에 바구니를 두 개 놓아요.

2. 아이의 골대(바구니), 부모의 골대(바구니)를 정해요.

3. 시작하면 가지고 있는 신문지공을 바구니에 골인시켜요.

4. 바구니에 들어가지 않은 신문지공은 주워서 시작선에서 다시 던져요.

5. 정해진 시간이 지나면 내 골대에 신문지공이 몇 개 있는지 세어 봐요.

6. 신문지 공이 많이 들어간 쪽이 승리해요.

이종대왕이 알려주는 **꿀팁!**

★ 신문지 조각은 크게 찢어 구겼을 때 적당히 큰 종이공이 되도록 만들어요.
★ 활동이 끝난 뒤 한 조각도 남김없이 먼저 쓰레기통에 다 치운 팀은 보너스 점수!

찰칵! 귀신을 피해라~ 94

재빨리 몸을 숨기는 핸드폰 사진 귀신 놀이

히히
귀신처럼 사라질 거야~

준비물
핸드폰 또는 찍은 사진을 바로 확인할 수 있는 카메라

놀이에 적당한 시간
10분 내외

성취 도표
흥미도 / 협동력 / 창의력 / 만족도 / 난이도

아이와 함께 놀이 준비!

1 침대나 식탁 뒤 등 앉았을 때 몸을 숨길 수 있는 곳을 찾아 서 있어요.

2 부모는 그 앞에 카메라나 핸드폰을 들고 서 있어요.

아이와 함께 놀이 시작!

1 부모가 "하나, 둘, 셋!"의 신호와 함께 사진을 촬영해요.

2 이때 아이는 "셋" 신호를 듣자마자 자리에 앉아요.

3 핸드폰 사진을 확인하여 몸을 숨겼는지 확인해요.

이종대왕이 알려주는 꿀팁!

★ 만약 형제나 아빠 등 둘이 동시에 참여한다면 누가 더 몸을 많이 숨겼는가 경쟁해요.

★ 아이가 사진을 촬영하고 나머지 가족이 숨는 식으로 역할을 바꿔 해 봐요.

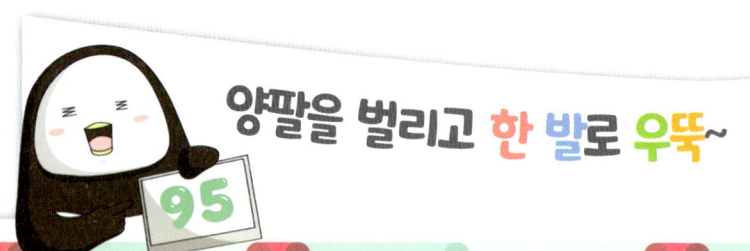

양팔을 벌리고 한 발로 우뚝~

95

균형 감각을 키우는
신문지 올라서기 놀이

나는야 멋있는 발레리나~

준비물

신문지 한 장 또는 비슷한 크기의 넓은 종이 한 장

놀이에 적당한 시간

10분 내외

성취 도표

아이와 함께 놀이 준비!

⭐ 신문지 한 장을 바닥에 펼쳐 놓아요. 신문지가 없다면 선물 포장지나 달력 같은 여러 번 접을 수 있는 종이를 사용하면 돼요.

아이와 함께 놀이 시작!

1 펼친 신문지 한 장 위에 올라서요. 이땐, 두 발 서기로 설 수 있어요.

2 이제 신문지를 반으로 접고, 그 위에 서요.

3 또, 신문지를 반으로 접고 그 위에서 균형을 잡아요.

4 점점 작아지는 신문지 위에서 균형을 잡아요.

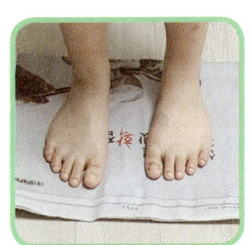 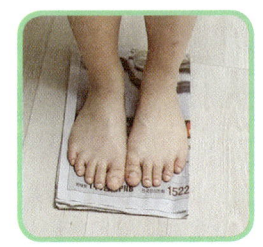
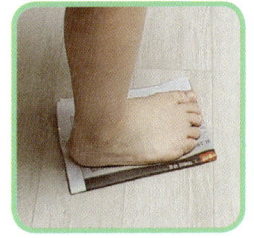 

이종대왕이 알려주는 꿀팁!

★ 어른과 아이가 각자 신문지 한 장 위에 서서 하는 놀이로 바꿔 할 수 있어요. 가위바위보에서 질 때마다 신문지를 반으로 접고 그 위에서 균형을 잡다가 오래 버티는 사람이 이기는 놀이예요.

96

힘은 약하지만 신문지라면 달라~

운동능력을 기르는 신문지 줄다리기 놀이

"내가 더 많지롱~"

준비물
신문지(종이) 여러 장 

놀이에 적당한 시간 
10분 내외

성취 도표
흥미도 / 협동력 / 창의력 / 만족도 / 난이도

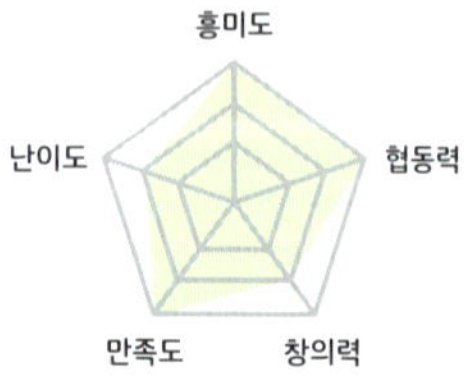

아이와 함께 놀이 준비!

1 신문지를 한 장 준비해요.

2 신문지가 아니어도 얇은 종이면 괜찮아요.

아이와 함께 놀이 시작!

1 신문지를 엄지손가락과 검지손가락만으로 서로 양쪽에서 잡아요.

2 "하나, 둘, 셋!"의 신호와 함께 서로 양쪽에서 잡아당겨요.

3 이때 더 많은 신문지를 찢어 간 사람이 이기는 놀이예요.

이종대왕이 알려주는 꿀팁!

★ 신문지를 순식간에 당겨도 되고 천천히 당기면서 서서히 찢어지게 해도 돼요.

★ 만약 손가락으로 잡았을 때 힘이 약해 신문지가 찢어지지 않는다면 주먹으로 신문지를 움켜쥐고 당기는 방식으로 진행해도 좋아요.

집에서 배구를 해 보자~

97

운동능력과 공간지각력을 기르는
집콕배구 놀이

내 스파이크를 받아랏!

준비물
풍선, 실

놀이에 적당한 시간
20분 내외

성취 도표
흥미도 / 협동력 / 창의력 / 만족도 / 난이도

아이와 함께 놀이 준비!

1. 의자와 의자 사이를 실로 묶어 공중에 뜬 선을 만들어요.
2. 공중에 뜬 실을 기준으로 양쪽에 한 명씩 마주보고 앉아요.

아이와 함께 놀이 시작!

1. 풍선을 툭 쳐서 실을 넘겨 상대편으로 보내요.
2. 풍선이 날아오면 역시 툭 쳐서 실을 넘겨 상대편으로 보내요.
3. 풍선이 바닥에 닿거나 실 밑으로 넘어가면 상대편이 1점을 획득해요.
4. 먼저 10점을 얻은 사람이 승!

이종대왕이 알려주는 꿀팁!

★ 실의 높이는 처음에는 낮게 하여 아이가 쉽게 할 수 있도록 하고 익숙해지면 점점 높이를 높여서 해요.
★ 아이가 풍선을 치기 위해 계속 움직이기 때문에 주변에 부딪힐 위험이 있는 물건을 정리하고 시작해요.

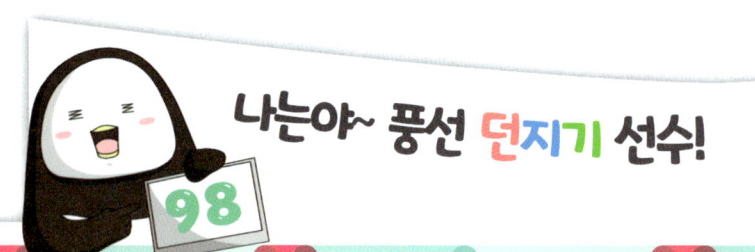

나는야~ 풍선 던지기 선수! 98

날아가며 바람 빠지는
풍선 멀리 던지기 놀이

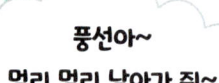

풍선아~
멀리 멀리 날아가 줘~

준비물

풍선(여러 개가 있으면 더 좋아요!)

놀이에 적당한 시간

10분 내외

성취 도표

아이와 함께 놀이 **준비!**

1. 시작선을 정하고 아이와 함께 서 있어요.
2. 풍선을 한 개 불어 묶지 않은 상태에서 아이가 입구 쪽을 잡게 해요.

아이와 함께 놀이 **시작!**

1. 시작하면 아이가 먼저 풍선을 앞으로 던져요.
2. 풍선은 바람이 사방으로 날리며 앞으로 날아가기도 하지만 뒤로 날아가는 등 이상하게 날아가요.
3. 풍선이 떨어진 위치를 기억한 뒤 이번에는 부모가 풍선을 던져요.
4. 가장 멀리 날아간 풍선을 던진 사람이 승!

이종대왕이 알려주는 **꿀팁!**

★ 풍선은 앞이 아닌 뒤로도 날아가기 때문에 뒤에도 공간이 있으면 더 재미있는 상황이 발생해요.

★ 여러 번 던져 아이가 최고 기록을 낼 때까지 도전해 보세요. 풍선을 여러 개 준비해서 떨어진 풍선은 그대로 두고 새로운 풍선을 던져 게임을 계속하면 떨어진 위치를 따로 기억할 필요가 없어요.

머리~ 통! 어깨~ 통!

집중력과 신체능력을 기르는
온몸으로 풍선 치기 놀이

이번엔 이마로 통~

준비물

풍선

놀이에 적당한 시간

15분 내외

성취 도표

아이와 함께 놀이 준비!

1. 풍선을 적당히 불어요.
2. 아이와 머리, 어깨, 팔, 손, 배, 무릎, 발의 위치를 알아봐요.

아이와 함께 놀이 시작!

이번엔 어깨로 통~

1. 풍선을 높게 던져 우선 머리로 '통' 풍선을 쳐요.
2. 머리로 친 후에는 어깨로 '통' 풍선을 쳐요.
3. 어깨 다음은 팔-손-배-무릎-발 순으로 풍선이 바닥에 닿기 전에 연속해서 치면 성공해요.

이종대왕이 알려주는 꿀팁!

★ 처음에는 어렵기 때문에 머리-손-발로 연습을 하고 익숙해지면 신체 부위를 한 개씩 늘려 가요.
★ 주변에 위험하거나 부딪힐 수 있는 물건을 정리하고 시작해요.

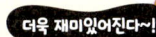

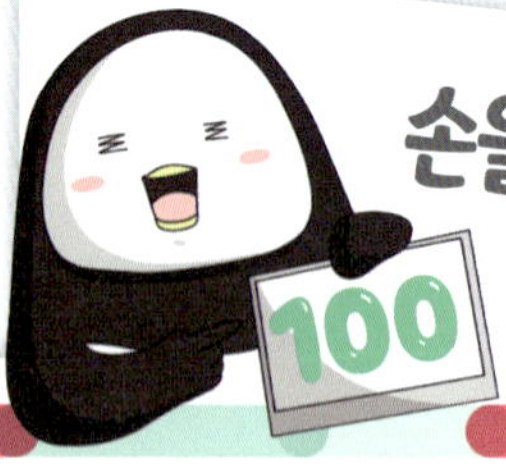
100

손을 잡고 함께 풍선을 통통~

협응력과 운동능력을 키우는 함께 풍선 치기 놀이

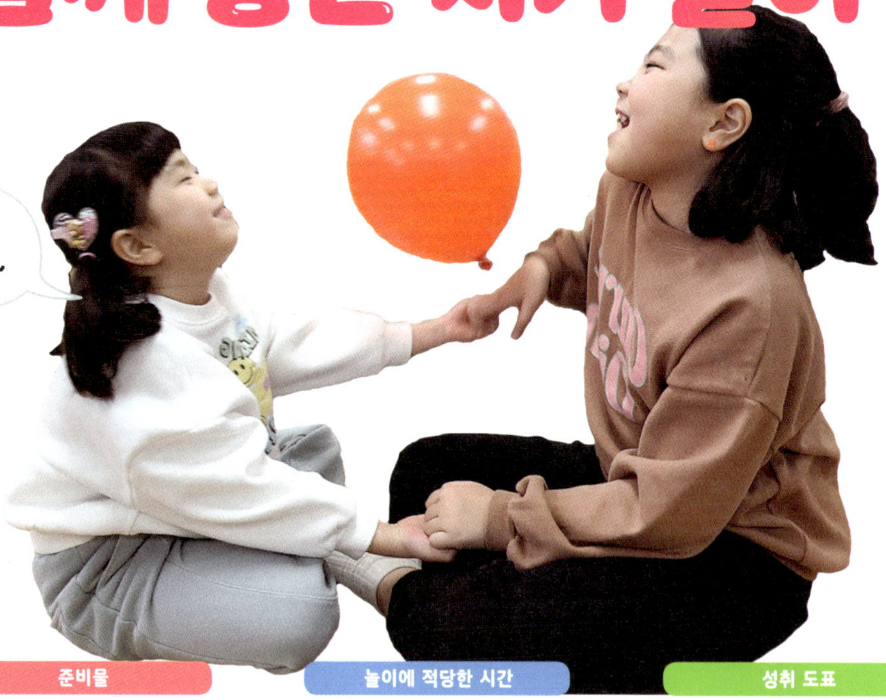

언니~
이쪽 팔이야~

준비물

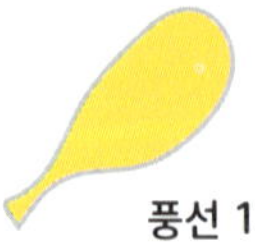

풍선 1개

놀이에 적당한 시간

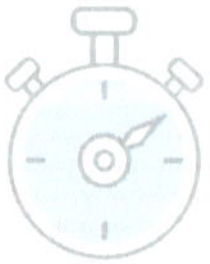

15분 내외

성취 도표

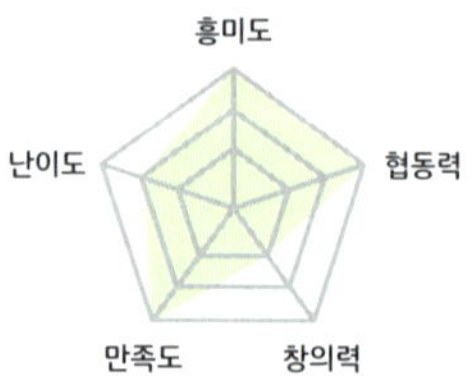
흥미도
난이도
협동력
만족도
창의력

아이와 함께 놀이 준비!

1. 풍선을 적당한 크기로 불어 준비해요.
2. 2명에서 4명까지 함께 놀이가 가능해요.
3. 유튜브에서 '풍선 통통'을 검색하면 미리 활동을 볼 수 있어요.

아이와 함께 놀이 시작!

1. 둘이 서로 마주 보고 앉아 두 손을 잡아요.
2. 두 손을 놓지 않은 채로 풍선을 위로 튕겨요.
3. 처음에는 연속으로 해서 10개를 튕기는 것을 목표로 해 봐요.
4. 10개 튕기기에 성공했다면, 15개, 20개로 횟수를 늘려 목표에 도전해요.

5. 가족 수가 더 많다면 둘 이상이 손을 잡고 도전해 봐요. 두 명이 할 때보다 더 어려움을 느낄 수 있어요.

이종대왕이 알려주는 꿀팁!

★ 손이 떨어지거나 엉덩이를 떼면 반칙이며 손 외에 머리나 어깨로 튕기는 것도 가능해요.
★ 아빠 팀과 엄마 팀 등으로 팀을 나눠 대결하면 흥미진진해요.

부록
놀이 자료

03 땅 따먹기 놀이 - 놀이판

16 낱말 끊어 말하기 놀이 - 낱말 카드

19 보물찾기 놀이 - 자음 카드

24 낱말 거꾸로 말하기 놀이 - 낱말 카드

28 관찰 그래프 그리기 놀이 - 놀이판

30 주사위 메모리 놀이 - 모양 카드

35 색종이 칠교 놀이 - 칠교 도안

37 숫자 쓰고 맞히기 놀이 - 숫자판

38 컬링 놀이 - 컬링판

62 사자 갈기 꾸미기 놀이 - 나뭇잎

63 왕관 꾸미기 놀이 - 나뭇잎

65 손가락 미술 놀이 - 나무 기둥

66 특별 사진 찍기 놀이 - 액자 도안

67 면봉 미술 놀이 - 스케치 도안

75 양손 그림 따로 그리기 놀이 - 양손 따로 그림

발사!

03 영양소가 포함된 기러기를 만들어 봐요!

231

출발!

별	꽃
새	손
꿈	양
자동차	고구마
다람쥐	무지개

바지	모자
나비	기차
인형	나비
딸기	사슴
사과	우유

16 엄마와의 분리 경험 후 불안을 느끼지 않음
24 엄마와 단기간 분리 경험 후 엄마가 없어도 불안을 느끼지 않음

ㄱ	ㄴ
ㄷ	ㄹ	ㅁ
ㅂ	ㅅ	ㅇ
ㅈ	ㅊ	ㅋ
ㅌ	ㅍ	ㅎ

28 수 감각을 익히는 막대 그래프 그리기 놀이

	빨간	파란	초록	노란	하얀
1					
2					
3					
4					
5					

✂ 자르는 선

35 칠교놀이 전개도 재미있는 기하놀이

자르는 선

텔레비전

성

로켓

토끼

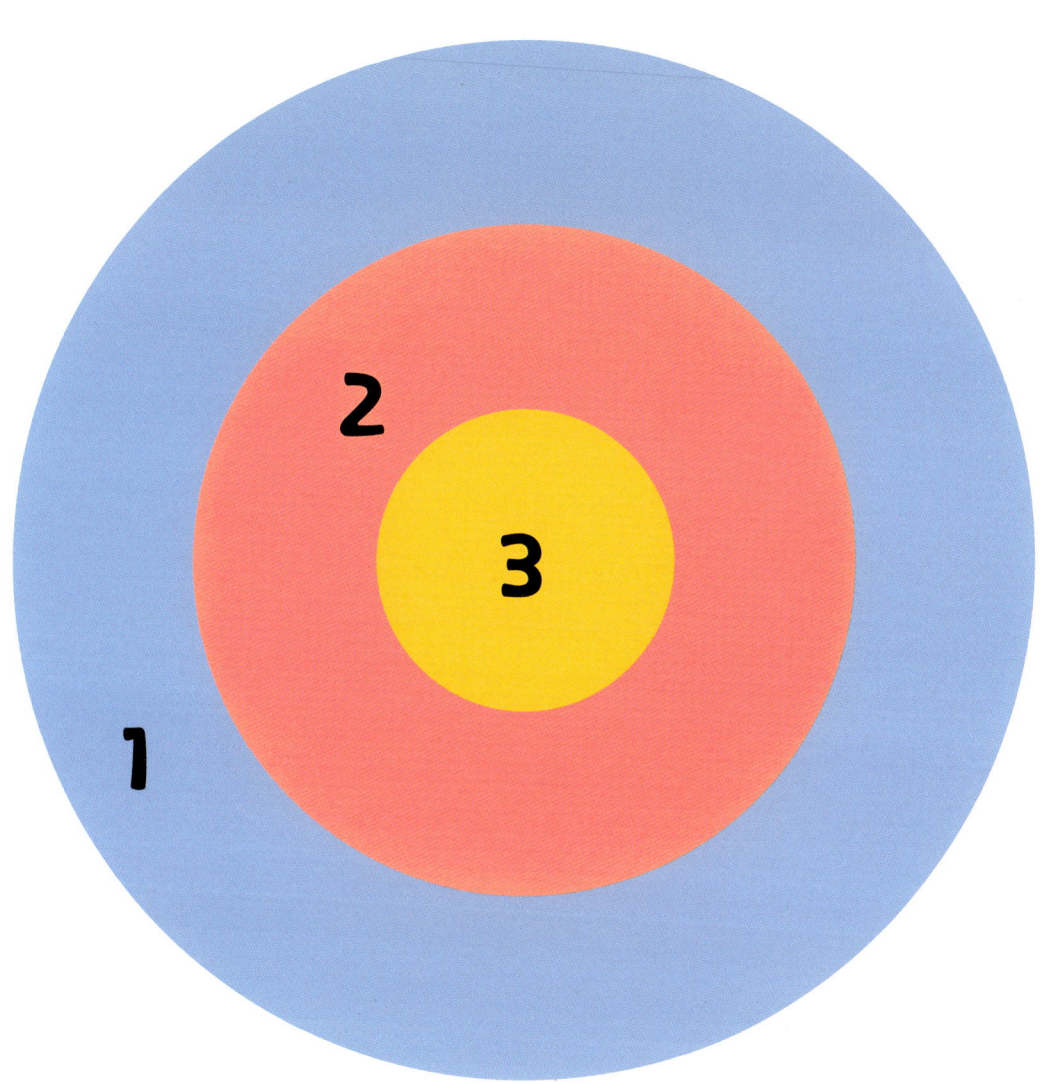

출발!

62 다양한 재료로 사자 같기 꾸미기 놀이
63 여러 가지 나뭇잎으로 왕관 꾸미기 놀이

--- 자른 선

65 창의력과 감각을 키우는 손가락 미술 놀이

75 차시와 우리를 발달시키는 양손 그림 따로 그리기 놀이

75 자치와 우뇌를 발달시키는 양손 따라 그리기 10폭